간결하게 쓴
언어학 100문 100답

간결하게 쓴

언어학 100문 100답

W. FRANKE 지음

박 성 철
오 장 근 옮김

푸른사상

역자서문

지난 몇 년간 독어학 분야에서 쏟아져 나온 입문서나 개론서 또는 각 세부분야의 전공문헌을 보고 있노라면 독어학자의 입장에서 감히 어떤 새로운 시도를 할 엄두가 나지 않을 정도이다. 이제 적당한 개론서가 없어 고민하던 시대는 지난 것 같다. 더구나 인문학이라고 하는 것이 최소한 요즈음의 컴퓨터, 전자통신분야처럼 그렇게 하루가 다르게 급격하게 변해가고 있는 분야는 아니기 때문에 대동소이한 시도를 되풀이할 당위성을 내세우기가 점점 더 쉽지 않다. 그럼에도 불구하고 여기 Wilhelm Franke교수가 집필한 "Einführung in die Sprachwissenschaft in 100 Fragen und Antworten"을 우리말로 옮긴 데는 그 나름대로의 의미가 있다. 만약 그런 의미가 없었다면 역자는 그것을 시도조차 하지 않았을 것이다. 그 의미는 무엇보다도 이 책의 저자가 설명일변도였던 기존의 서술방식에서 벗어나 개별적 주제에 대해 묻고 대답하는 형식을 갖춘 새로운 언어학안내서를 시도하고 있다는 것이다. 사실 이 책은 엄밀한 의미에서 입문서나 개론서로 보기는 어렵고 오히려 개론서나 기타 전공문헌에서 이미 다루었던 내용을 다시 한번 간결하게 그 핵심적인 부분들만을 요약해 보고 이를 연습문제를 통해 숙지, 심화시키도록 하는 구조를 갖고 있다.

　역자는, 이 책이 독어학의 모든 개념들과 이론들을 한 눈에 상세하게 파악할 수 있게 해 준다는 식으로 이 책의 번역, 출판 의도를 뒷받침하고 싶지 않다. 그것은 간단히 말해서 사실과 다르기 때문이다. 이 책을 번역하게 된 가장 큰 동기이자 동시에 ― 역자가 생각하기에 ― 이러한 방식으로 짜여진 책이 갖는 시사적 의미는, 무엇보다도 간결함을 통해 학습자의 부담을 덜어주고, 질문과 대답이라는 기초적 의사소통형태를 이용함으로써 독어학을 접할 때 학습자가 자주 느낄 수 있는 지루함을 달래주고, 또 무엇보다도 이미 학습한 내용을 다시 한번 정리, 요약해 볼 수 있게 만들어주고 있다는 점이다. 이것이야말로 이 책의 최대강점이자 또한 저자의 집필의도였다고 볼 수 있다.

　특히 독어학에 대한 흥미를 진작시켜야 할 독어학개론 강의 담당자의 입장에서 이 책은 기존 개론서에 대한 좋은 보충자료일 수 있다. 하지만 해당 강의에서 무턱대고 이 책에만 의존하는 것은 바람직하지 않다. 어디까지나 기존의 방법을 계속하되 이 책을 후속 정리용으로 활용한다면 역자의 의도와 매우 잘 부합될 것이다. 부족하다 싶은 부분에 대해서는 강의담당자의 재량으로 내용을 보충해 줄 수 있을 것이다.

　이 책은 아무리 분량이 적다 해도 매우 압축적인 내용을 담고 있으므로 혹시 역자가 본의 아니게 번역에서 실수를 저질렀을 수도 있다. 독자들이 이 책을 이용하는 과정에서 역자의 책임으로 돌아갈 내용상, 형식상의 문제점들을 발견하게 된다면 이에 대해 역자는 오히려 반가운 마음으로 문제해결에 적극적으로 임하고자 한다.

끝으로 박성철은 본문의 A, B, C, I, K, L, T, U, W를, 오장근은 D, E, F, G, H, M, N, O, P, Q, R, S, V를 각각 맡아 번역하였음을 밝혀둔다.

어려운 출판환경에도 불구하고 역자의 번역출판 의도에 쾌히 응해 주신 푸른사상사 한봉숙사장님께 이 자리를 빌어 심심한 사의를 표하는 바이다.

2001년 5월

옮긴이 씀

저자서문

본 입문서는 언어학의 기본지식을 습득하고자 하거나 또는 이미 습득한 지식을 다시 확인해 보고자 하는 모든 이들을 위해 쓰여졌다.

이러한 입문서를 "문답형식"으로 쓰고자 하는 생각은, 언어학 관련학과에서 공부하는 학생들이 기존의 여러 입문서에 다음과 같은 이유로 종종 만족하지 못하고 있다는 경험에서 생겨났다: 즉, 이 텍스트들이 그리 이해하기 쉽게 쓰여져 있지 않고, 너무 비싸고, 시대에 뒤쳐져 있거나 일반적으로 쓸모없다고 느낀다는 것이다.

본서는 세 부분으로 나뉘어져 있다:

"과제부분"인 I은 22개의 언어학 주제분야에 대한 100개의 질문과 과제를 포함한다. 이 다양한 주제분야는 낭만주의자의 언어관에서 시작해서 구조주의 학파를 거쳐 문법이론과 언어학적 화용론에서 이루어진 최근의 발전에까지 이른다.

"해답부분"인 II는 과제부분에서 던져진 질문에 답변하기 위한 제안을 포함한다. 물론 이렇게 제안된 답변에는 각각 하나의 관점만이 전달될 뿐이다. 따라서 독자들에게 부탁하는 바는, 세 번째 부분에 수록된 참고문헌을 이용해서 보다 더 폭넓게 연구해 주었으면 하는 것이다.

"참고문헌 부분"인 III에는 한편으로 필자가 질문과 해답을 작성하는 데 기초로 삼았던 연구문헌들을 수록해 놓았고, 다른 한편으로 독자가 스스로 자신의 지식을 심화, 확장시키기 위해 이용할 수 있는 문헌들을 언급해 놓았다.

물론 이런 방식의 서술에서 가장 우선되어야 하는 것은 언어학의 핵심분야에 속하는 주제들을 논하는 것이다. 따라서 본서에서는 소위 '연계-분과학문'(사회-언어학, 심리-언어학 등)에서 논의되고 있는 다양한 문제들을 다루지 않았다. 이 연계학문들을 다루려면 언어학적 기초지식의 숙달이 전제되어야 하는데, 본 입문서는 바로 이 언어학적 기초지식을 전달해 주고자 하는 것이다.

차 례

II. 해 답

I. 과 제

A. 언어와 언어학에 대한 성찰
Reflexionen über Sprache und Sprachwissenschaft

가장 잘 알려진 네 가지 언어관은 다음과 같다:

- 언어는 유기체다.
- 언어는 기호의 체계다.
- 언어는 잘 짜여진 문장들의 집합이다.
- 언어는 의사소통상의 목적을 실현시키기 위한 도구다.

_____

1. 이 언어개념들이 각각 누구에 의해 도입되어 사용되었고
   (또는 여전히 사용되고 있고), 어떤 언어학 방향을 배경으로
   하고 있으며, 이들 각각의 언어개념을 바탕으로 어떤 종류
   의 언어학이 탄생하게 되었는가 설명하시오.

언어이론의 예
20세기에 가장 중요한 언어이론들 중의 하나가 뷜러(K. Bühler
1934)의 '오르가논-모델'(Organon-Modell)이다.

2. 오르가논-모델의 특징을 간략하게 설명하고, 이 언어이론이
   한편으로 얼마만큼 소쉬르(F. de Saussure)에 의해 영향받
   았으며, 다른 한편으로 얼마나 화행론(오스틴Austin, 써얼
   Searle)의 '선구자'(Vorläufer)로 간주될 수 있는지 논하시오.

B. 낭만주의적 언어관
Romantische Sprachbetrachtung

훔볼트(W. von Humboldt)의 견해에 따르면 각각의 언어로써
그에 특유한 '세계관'(Weltansicht)이 중개된다.

3. 훔볼트가 말하는 언어의 '중개기능'(Vermittlungsfunktion)에
   대해 간략하게 설명하시오.

C. 20세기 훔볼트의 수용
Zur Rezeption Humboldts im 20. Jahrhundert

바이스게르버(L. Weisgerber)는 훔볼트(W. von Humboldt)의
언어관을 받아들여 언어학적 목적에 적합한 방식으로 결실을
맺게 한 몇 안되는 학자들 중의 한 사람이다. 바이스게르버는
훔볼트의 '에르곤'(Ergon)과 '에네르게이아'(Energeia)개념에 특
별한 의미를 부여한다.

4. 바이스게르버가 이해하는 '에르곤'과 '에네르게이아' 개념을
   설명하시오.

5. 바이스게르버의 '내용중심문법'(Inhaltbezogene Grammatik)
   을 간략하게 설명하시오.

D. 소장문법학파의 언어이론
Die Sprachtheorie der Junggrammatiker

언어학에 자연과학적인 정신을 도입한 소장문법학파는 낭만주의의 초기 언어학과 철저하게 관계를 단절하고, 언어학을 최초로 학문적인 위치로 끌어올린 언어학자들로 이해될 수 있을 것이다.

6. 소장문법학파를 대표하는 중요한 학자들을 들어보시오.

7. 소장문법학파는 어떤 연구방법을 통해 언어학을 자연과학적 학문이상에 부합할 수 있는 학문의 위치로 끌어올렸습니까? (주제어: 음운법칙)

8. 음운법칙으로 설명될 수 없는 경우, 소장문법학파는 어떤 개념을 끌어들여 설명하고자 하였습니까? 예를 들어 이 개념을 설명하시오.

E. 언어변천이론
Theorie(n) des Sprachwandels

소장문법학파는 우리가 (그 이전에 그랬던 것처럼 과거에 쓰여진 글말을 연구의 대상으로 하는 것이 아닌) 오늘날의 입말을 연구의 대상으로 할 때에만 음운변천이 적절하게 설명되어질 수 있다고 확신하고 있었다.

9. 만약 우리가 소장문법학파의 방법론으로 언어변천을 설명할 수 있다고 생각한다면, 우리는 인간의 발화활동과 관련하여 어떠한 이론적 가정으로부터 출발하여야만 합니까?

"보이지 않는 손"(invisible hand) 이론
언어변천에 대한 오늘날의 논의에서 언어학자 켈러(R. Keller)의 연구는 중요한 역할을 수행하고 있다고 하겠다. 켈러에게 있어서 언어는 "세 번째 유형"(dritte Art)의 현상으로 이해되어지고 있는데, 그의 이해에 따른다면, 언어변천을 설명하기 위해 우리는 "보이지 않는 손 모델"(invisible-hand-Modell)이라고 명명되는 설명모델을 필요로 한다는 것이다.

10. 왜 언어를 "세 번째 유형의 현상"(Phänomen der dritten Art)으로 개념화시키고 있는지 설명하시오.

11. 켈러의 "보이지 않는 손 이론"을 대략적으로 (그러나 예를 들어) 설명하시오.

F. 구조주의의 기초
Die Begründung des Strukturalismus

소쉬르(F. de Saussure)는 구조주의의 창시자로서, 초기 언어이론, 예를 들어 소장문법학파의 언어이론을 근본적으로 극복하였으며, 언어를 "기호의 체계"로서, 또는 "고유한 질서만을 허용하는 체계"로서 파악하고자 하였다.

12. 소쉬르가 새로운 유형의 언어학을 제창하였다고 하는 주장이 타당한지를 논하시오. 그럴 경우 음운변천에 대한 소장문법학파의 분석이 '통시적 구조주의'(diachronischer Strukturalismus)의 한 형태로 간주될 수 있다고 한 푸취케(W. Putschke)의 논거를 고려하여 설명하시오.

소쉬르가 후대 언어학에 끼친 중요한 영향으로 우리는 언어현
상에 대한 일련의 이분법적 분석의 도입을 들 수 있다. 예를 들
어:

- 공시태 대 통시태(Synchronie vs. Diachronie)
- 랑그 대 빠롤 그리고 랑가쥬(langue vs. parole und
  langage)
- 시니피앙 대 시니피에(signifiant vs. signifié)

13. 위에서 언급한 소쉬르의 세 가지 개념쌍들을 설명하시오.

14. 구조주의 언어학이 지닌 과제와 방법론을 위의 개념들을
    이용해 소쉬르적인 관점에서 개관하여 설명하시오.

G. 프라그 학파: 기능적 언어관찰
Die Prager Schule: Funktionale Sprachbetrachtung

칼 뷜러(K. Bühler)와 니콜라이 뜨루베쯔꼬이(N.   Trubetzkoy)
등으로 대표되는 프라그 구조주의는, 코펜하겐 학파와 미국의
'분포주의'(Distributionalismus)와 더불어 소쉬르 이후에 생겨난

중요한 학파에 속한다고 하겠다.

15. 프라그 구조주의가 왜 '기능주의'(Funktionalismus)로 일컬
어지게 되었는지 설명하시오.

뜨루베쯔꼬이의 언어이론
프라그 구조주의의 중심테마로 우리는 음운론(Phonologie)을 들
수 있는데, 이는 특히 뜨루베쯔꼬이라는 이름과 결부되어 있다.
뜨루베쯔꼬이는 음운론을 언어학의 한 분과로 발전시킨 언어학
자로, 그는 소쉬르와 뷜러의 연구에 기대어 자신의 음운론을 이
론적으로 확증하고자 하였다.

16. 소쉬르와 뷜러가 뜨루베쯔꼬이의 구조주의 음운론에 어느
정도 영향을 주고 있는지 설명하시오.

H. 구조주의 음운론의 기본 개념들
Grundbegriffe der strukturalistischen Phonologie

음의 물리적 성질인 음성을 연구의 대상으로 하는 '음성학'
(Phonetik)과 의미를 구분시켜 주는 기능을 지닌 음소(Phonem)

를 연구 대상으로 하는 '음운론'(Phonologie)을 엄밀히 구분해야
한다는 것은 당연하다 하겠다.

17. '음소'(Phonem)의 개념을 정의하시오.

18. 구조주의 음운론의 주요한 관심사(과제)를 들어보시오.

19. 언어의 음소목록을 재구성하기 위해, 구조주의 음운론이 행
하고 있는 방법론적인 조치를 설명하시오.

20. 구조주의 음운론의 성과를 이용해 해결할 수 있는 언어학
적인 과제나 문제점들을 들어보시오.

I. 구조주의 형태론의 기본개념들
Grundbegriffe der strukturalistischen Morphologie

형태론의 대상은 한 언어에서 의미를 지닌 최소단위들의 목록
이다. 이 단위들을 가리켜 '형태소'(Morphem)라 부른다.

21. 구조주의 형태론이 어떤 방법적 절차를 이용하여 랑그
(langue)의 단면인 한 언어의 형태소목록을 재구성하려 시

도하는지 설명하시오.

22. '형태'(Morph), '형태소'(Morphem), '변이형태'(Allomorph)
    개념이 서로 어떤 관계에 있는지 설명하시오. 이 관계를 보
    기를 들어 설명하시오.

23. 형태소 분류에서는 '중첩'형태소(Portemanteau-Morpheme)
    가 특별한 역할을 수행한다. 보기를 들어 이 중첩형태소 개
    념을 설명하시오. 형태 "beim"이 중첩형태소로 분류될 수
    있는지 논하시오.

24. 다음 테제를 설명하시오: "독일어의 동사는 '단소'(Monem)
    가 아니다."

K. 구조주의 통사론의 기본개념들
Grundbegriffe der strukturalistischen Syntax

비록 소쉬르(F. de Saussure)가 그의 책 "일반언어학 강의"
(Cours de linguistique générale)에서 특정 통사이론을 개진하
진 않았지만(그는 문장이 '빠롤'(parole)에 속한다고 생각했으므

로), 그의 후속학자들은 문장을 분석하고 그 구조를 기술하기
위한 방법을 개발하려고 여러모로 시도했다. 그 중에 두 가지가
'종속/발렌쯔이론'(떼니에르L. Tesniere) 및 '직접구성성분분석'
(블룸필드/웰스L. Bloomfield/R.S. Wells)이라는 이름으로 잘 알
려지게 되었다.

종속이론(Dependenztheorie)

25. 떼니에르가 주도하는 종속이론에서 문장분석 개념을 간략
    히 논하시오.

26. 떼니에르는 선적 기호연결체의 '배후에' 계층구조적 질서와
    같은 어떤 것이 숨어 있고 이 질서를 밝혀내는 것이 문장구
    조분석에서 해야 할 일이라고 보는데, 여기서 떼니에르가
    의미하는 바가 무엇인지 설명해 보시오.

27. 잘 알려져 있다시피 떼니에르는 언제나 명사인 '공동참여성
    분'(actants)과 언제나 부사적 규정어인 소위 '상황성분'
    (circonstants; 장소, 방법등의 부대상황을 규정해 주는 성
    분)을 구분한다. 떼니에르에 의하면 공동참여성분은 언제나

동사에 의무적으로 속해 있는 성분인 데 반해, 상황성분은 수의적이다. 손수 고른 보기를 들어 이렇게 내려진 구분을 경험적으로 지지할 수 있는지 논해 보시오.

직접구성성분분석(IC-Analyse)

28. 다음 문장을 직접구성성분분석의 방법에 따라 분석해 보시오:

"Der König von Frankreich verkaufte Ländereien."
(프랑스의 왕은 영토를 팔았다)

29. 블룸필드는 오늘날까지도 통사론적 분석방법의 도구체계에 속하는 두 가지 구문유형, 즉 '내심구조'(endozentrische Konstruktion)와 '외심구조'(exozentrische Konstruktion)를 언어학에 도입했다. 이 두 유형을 보기를 들어 설명하고, 이 맥락에서 '머리어'(head; Kopf)개념의 역할이 무엇인지 밝히시오.

30. 직접구성성분분석을 비판적으로 검토할 때 자주 강조되는 것은, 이 분석방법이 다음과 같은 세 가지 현상을 적절하게

다룰 수 없다는 것이다:

a) 중의적 문장
b) 의미유연문장(agnatische Sätze) (예를 들어 능동문/수동문)
c) 불연속 구성성분

이들 세 현상에 대한 보기를 각각 하나씩 들고 직접구성성분분
석이 이러한 발화들을 분석하는 데 있어서 얼마나 어려움을 겪
게 되는지 보임으로써 이 분석방법이 가진 한계를 밝혀 보시오.

L. 어휘의미론
Lexikalische Semantik

구조주의적 기술방법은 비교적 늦게 20세기에야 비로소 낱말의
미에 적용되기에 이르렀다. 그 이전에는 낱말의미라는 것이 다
음과 같은 분과학문들의 대상이었다:

a) 어휘의미론(Semasiologie)
b) 어휘명칭론(Onomasiologie)
c) 낱말밭이론(Wortfeldtheorie)

31. 어휘의미론과 어휘명칭론의 의미분석방법은 서로 어떻게 다른가?

32. 낱말밭이론의 창시자로 간주되는 사람은 누구인가?

33. 보기를 들어 낱말밭이론의 이론적, 방법론적 기본가정들을 밝히시오.

34. 오늘날의 연구수준에서 보았을 때 낱말밭이 과연 심리적 실재성을 갖고 있다고 말할 수 있는지 논해 보시오.

35. 낱말밭과 낱말칸살(Wortnische)은 어떠한 점에서 서로 구별되는가?

36. 낱말밭과 낱말가족(Wortfamilie)은 어떠한 점에서 서로 구별되는가?

성분분석(Komponentenanalyse)

비어비쉬(M. Bierwisch)에 따르면 하나의 낱말밭 안에 모여 있
는 어휘소(Lexem)들을 성분분석적으로 다룰 수 있다.

37. 성분분석이 낱말밭이론의 발전, 개선된 형태라고 말할 수
    있는가?

원형이론(Prototypentheorie)

낱말의미에 대한 '현대적인' 견해에 따르면 낱말로 표시되는 개
체들의 집합에는 어디에든 본보기에 해당하는 대표자같은 어떤
것, 즉 '원형'(Prototyp)이 존재한다. 가령 참새는 "새"라는 개념
의 전형적인 대표자인 데 반해, 펭귄은 그렇지 않다. 의미론의
변종인 이 원형이론에서는 정보제공자들로 하여금 한 낱말의
의미가 무엇인지에 대해 결정하도록 한다. 원형이 무엇인지 묻
고, 그들이 생각하기에 어떤 특정한 대상이 과연 그 집합에 속
하는지 그렇지 않은지 묻는다.

38. 낱말의 의미가 정보제공자들한테 설문조사함으로써 작성될
    수 있는 것인지의 문제를 논하시오.

사용조건의미론(Gebrauchsbedingungssemantik)

사용조건의미론의 창시자로 간주되는 사람은 철학자 비트겐슈

타인(L. Wittgenstein)이다. 비트겐슈타인은 그의 책 "철학적 탐구"(Philosophische Untersuchungen)에서 다음과 같은 것을 요청했다: "낱말의 의미에 대해 묻지 말고, 낱말이 그 언어에서 어떻게 사용되는가를 물어라."

39. 이러한 의미정의가 어느 정도로 구조의미론의 과제 및 문제와의 연관성 속에서 고찰될 수 있는지 밝히시오.

40. 비트겐슈타인의 의미개념을 어휘소의미분석에 활용하려 노력했던 언어학자(영어학자)가 누구인지 밝히시오.

41. 낱말밭이론의 기본생각을 비트겐슈타인의 의미의 사용이론과 결부시키려는 시도에 대해 밝히시오.

M. 의미가 배제된 언어학
Linguistics without meaning

미국의 언어학자 블룸필드(L. Bloomfield)는 직접구성성분분석(Immediate Constituents Analyse, IC-Analyse)을 통사론에 끌어들인 학자로서 뿐만이 아니라, 다음과 같은 그의 논증으로

우리에게 더 잘 알려지게 되었다. 즉,

a) '의미론'(Semantik)은 언어학의 범주에서는 적절하게 다루
   어질 수 없다 (그러므로 배제되어야 한다)는 것이며, 그리고
b) 언어습득의 과정이 '훈련(Abrichtung)'의 과정으로서 간주
   되어야만 한다는 것이다.

42. 다음의 모델에 기초하여 질문에 답하시오.

$$S \rightarrow r \dots\dots s \rightarrow R$$

a) 블룸필드는 무엇을 '의미(Bedeutung)'로 이해했으며, 또 어
   느 정도까지 그것이 언어학적 기술의 대상이 될 수 없다고
   하였는가?
b) 블룸필드는 언어습득을 훈련으로 개념화시켰는데, 이는 무
   엇을 뜻하는가?

N. 언어능력 이론에 대하여
Zur Theorie der Sprachkompetenz

촘스키(N. Chomsky)는 그의 박사학위논문인 "통사구조" (Syntactic

Structures 1957)와 저서인 "통사론의 제반 양상"(Aspekte der Syntaxtheorie 1965/1970)을 통해 언어학에 소위 '페러다임의 교체'(Paradigmenwechsel)를 이끌어 들였다. 따라서 이제는 인식의 관심(Erkenntnisinteresse)이 구조주의에서 말하는 것처럼 더 이상 '외적 언어'(externe Sprache)의 구조를 발견하고 기술하는데 있지 아니하고, '내적 언어'(innere Sprache), 다시 말해 언어사용에 기초가 되는 언어능력의 구성요소들을 분석하는 데 있게 되었다.

  이러한 구상을 현실화시키기 위해, 인지언어학은 - 그레벤도르프/함/슈테르네펠트(Grewendorf/Hamm/Sternefeld 1987)에서 설명하고 있는 것에 의하면 - 네 개의 과제, 즉 다음의 네 가지 이론을 전개시키는 것과 관계하고 있다:

  a) 일반 언어능력에 대한 이론(Theorie der allgemeinen Sprachfähigkeit)
  b) 개별언어적 지식에 대한 이론(Theorie einzelsprachlichen Wissens)
  c) 언어습득에 대한 이론(Theorie des Spracherwerbs)
  d) 언어사용에 대한 이론(Theorie des Sprachgebrauchs)

43. 위에서 언급한 네 개의 과제를 다룸으로써 인지언어학이
    언어학에서 전혀 다루어지지 않았던 미개척 분야에 들어서
    게 되었는지, 아니면 그럼으로써 언어학 연구의 오래된 문
    제점들이 다른 유형의 시각에서 다루어지게 되었는지를 설
    명하시오.

O. 언어습득이론
Spracherwerbstheorie

인지언어학의 주요 관심사 중에 하나는 바로 적합한 언어습득
이론을 전개시키는 것이다. 이것은 물론 다음과 같은 것을 전제
로 하고 있다. 즉 (오랫동안 지배적 역할을 수행하고 있는) 행동
주의적 개념이 언어습득을 적절히 설명하는데 적합하지 않다고
가정된다는 것이다.

44. 인지언어학자의 입장에서 제안되어진 행동주의적인(경험주
    의적인) 언어습득 모델에 대한 중요한 반대의견들을 말하시
    오. (자극의 불충분성과 관련하여 설명하시오)

45. 인지언어학자들의 이해에 따르면, '선천적' 언어습득모델의

설득력은 특별히 어디에 있다는 것인가? 다시 말해, 행동주
의적 개념이 설명할 수 없는 것을 설명해 주고 있는 것은
무엇인가?

46. 다음의 도식에 의지하여 (비어비쉬 M. Bierwisch 1987에서
인용했음) 인지언어학적 이해에 따른 언어습득의 과정을 설
명하시오.

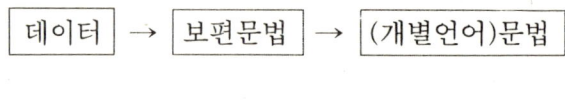

(LAD; 언어습득장치)

P. 보편문법과 개별언어문법
Universalgrammatik und Einzelsprachengrammatik

인지언어학의 견해에 따르면, 어린아이는 어느 한 개별언어(한
국어, 독일어, 영어…)를 습득할 수 있는 능력을 지니고 세상에
태어난다고 한다.

47. '보편 문법'(Universalgrammatik)은 무엇으로 구성되는가?

48. 생성문법에서 몇몇의 이상화(Idealisierung)가 행하여지고
    있는데, 그럴 경우 어떠한 이상화가 다루어지고 있는 지, 그
    리고 그러한 추상화의 필요성과 적확성에 관하여 해당 연구
    에서는 합의가 이루어지고 있는지 설명하시오.

49. 촘스키(N. Chomsky)는 문법에 대한 적절성의 기준들을 전
    개시켰는데, 그럴 경우 어떠한 기준들이 다루어지고 있는
    가?

Q. 언어능력과 언어운용
Kompetenz und Performanz

인지언어학의 견해에 따르면, 문법은 한 언어의 모국어 화자가
지니고 있는 언어능력에 관한 모델이다. 두 가지 유형의 '언어능
력'(Kompetenz)이 가정되고 있는데, 즉 다음과 같다:

a) 문법적 언어능력(grammatische Kompetenz)
b) 화용론적 언어능력(pragmatische Kompetenz)

이러한 두 가지 언어능력유형에 있어서 요구되는 것은, 그들이
단원적으로(modular) 조직되어 있다는 것으로, 즉 그들 나름대
로 자율적이고 상호작용하는 부분(능력의)체계들로 구성되어져
있다고 하는 것이다.

50. 인지언어학적 견해에 따라 문법적 언어능력과 화용론적 언
    어능력을 구성하는 부분체계들을 들으시오.

51. '언어능력'과 '언어운용' 사이의 관계를 설명하시오. (그럴
    경우 소쉬르의 개념쌍인 '랑그'(langue)와 '빠롤'(parole)로
    되돌아가 유사점과 차이점을 제시하시오.)
52. 추가적 '언어운용-언어능력'(Performanz-Kompetenz)을 가
    정함이 의미있는 것인지 — 인지언어학적 관점에서 — 논하
    시오.

53. 화용론 즉 '언어사용의 이론'(Theorie der Sprachverwendung)
    의 대상분야와 과제분야를 상술하시오. (N, d; 30쪽 참조)

R. 범주와 구구조의 기술
Kategorien und Phrasenstrukturbeschreibung

구구조문법(PS-문법)은 직접구성성분 분석(IC-분석)처럼 이론적 구성체인 '범주'(Kategorie)와 '구성성분들'(Konstituente) 을 다루고 있다. 범주와 관련하여 PS-문법에서는 두 가지 유형을 구분하고 있다: 낱말층위의 범주(= N, V, A, P, Det...)와 구의 범주(= NP, VP, AP, PP...).

범주와 구성성분

54. 낱말층위의 범주와 구의 범주가 실재로 '존재하는 지'를 입증하기 위해 수많은 실험들이 행하여졌는데, 특히 다음에서 다루어질 구의 범주에 있어서는, 이 범주의 존재에 대한 형태론적, 의미론적 그리고 통사론적 증거가 존재하고 있고, 또 이 범주의 존재가 실험을 통해 밝혀질 수 있어야 한다는 것이 요구되었다. 통사론적 증거는 다음의 실험들을 통해 제시될 수 있다:

- 선치(Präponierung)
- 후치(Postponierung)
- 문장성분실험(Satzfragment-Test)

- 상황어의 분포(Distribution von Adverbialen)
- 병렬(Koordination)
- 분화된 성분들의 병렬(Koordination geteilter Konstituenten)
- 대명사화(Pronominalisierung)
- 생략(Ellipse)

위에서 언급한 실험들을 통해 "정원에서 너를 돕는다"(dir im Garten helfen)라는 표현이 다음에 제시될 문장의 구구조에서 구의 범주라는 위상을 지니고 있는지 입증하여 보시오. (그럴 경우 아마도 몇몇 실험들은 적용하기가 매우 어려운 것으로 나타나게 될 것이다).

"Ich wette, er wird (dir im Garten helfen), wenn du ihn höflich bittest."
만약 네가 그에게 정중하게 부탁한다면, 그가 (정원에서 너를 도울 것)이라고 나는 장담한다.

구와 구성성분들
두 개념 '구'(Phrase)와 '구성성분'(Konstituente)은 분명한 상관

관계를 나타내고 있는데, 이러한 상관관계는 다음의 진술을 통해 설명된다: 구는 구성성분을 형성하는 기본요소들의 무리를 뜻한다. 그러나 이럴 경우 이러한 기본요소들의 규모는 상술되어 있지 않다. 바꿔 말해 하나의 구가 낱말층위의 범주에 속하는 단 하나의 요소로만 구성되어 있을 가능성이 있다는 것이다.

55. 다음의 발화를 근거로 하여, 표현 "hypocrisy"가 낱말층위의 범주 N(명사)에 속할 뿐만 아니라 구의 범주 NP(명사구)로 간주될 수 있음을 구체적으로 설명하시오.

"most people can't stand hypocrisy"
대부분의 사람들은 위선을 참아내지 못한다.

그리고 다음의 실험을 통해 이러한 범주화가 타당함을 입증하시오: '선치', '문장 구성성분', '병렬' 그리고 '대명사화'.

구구조 표지와 관계
구구조 표지(P-markers)는 문장 내에서의 통사적인 관계를 기술하기 위한 형식적인 모델이다. 문장구조 내의 구성성분들 사이에는 다양한 관계, 그 중에서도 특히 지배(Dominanz)와 선행

(Präzedens)의 관계가 존재한다. 특히 지배관계를 통해 전통적
인 통사론의 개념들, 즉 주어와 여러 유형의 목적어들이 새로이
정의되어진다.

56. 다음 문장의 구구조를 계보도로 나타내시오:
"The men will shoot the arrows at each other"
사람들은 서로를 향해 화살을 쏠 것이다.

그리고 지배관계를 이용하여 다음을 규정하시오:

- 문장의 주어
- 문장의 4격 목적어
- 문장의 전치사적 목적어

통어와 대용관계
통어관계는 구구조 표지 내에 있는 구성성분들 사이의 복합적
관계를 말한다. 이것은 지배관계를 통해 다음과 같이 정의된다:
만약 x를 지배하는 최초의 교점이 또한 y를 지배하고, x와 y가
서로를 지배하지 않는다면, x와 y는 통어관계에 있다. 통어관계
는, 만약 우리가 어떠한 조건하에서 문장내의 한 표현이 동일한

문장내의 다른 표현과 공지시되는 것으로 간주될 수 있는지 말하고자 할 경우 용이하게 쓰이는 개념이다. 이때 해당되는 조건으로는 다음과 같다: 대용어는 적절한 통어관계에 있는 선행사를 가져야만 한다.

57. 다음 문장의 구구조 표지를 계보도로 나타내시오:

    "Brave Studenten helfen einander"
    좋은 학생들은 서로 돕는다.

58. 상호적 대용어인 표현 "einander"가 주어인 표현 "brave Studenten"와 공지시되고 있는 것으로 간주될 수 있는지, 만약 그렇다면 왜 그런지 그 이유를 설명하시오.

구구조 규칙들
구구조 문법은 '역동화된' 직접구성성분분석(IC-Analyse)으로 이해될 수 있다: 직접구성성분분석이 문장의 구성성분 구조를 파악하는 데 제한되어 있는 반면, 구구조 문법은 적정한 (wohlgeformten) 문장들을 생산해 내는데 있어서 기초가 되는 규칙들을 명확하게 나타내고자 한다. 바꿔 말해, 구구조 문법은

통사적 언어능력을 재구성하고자 한다는 것이다. 구구조 규칙은
다음과 같은 형식을 지닌다:

$$x \rightarrow yz \quad \text{(범주 x가 범주 yz으로 확장된다.)}$$

범주 S(문장)의 직접구성성분으로서는 다음과 같은 것들이 가
정된다.

$$S \rightarrow NP\ M\ VP$$
$$\text{(M=화법동사)}$$

59. 다음의 발화를 생산해 내는데 있어서 기초가 되는 구구조
    규칙들의 체계를 밝히시오. 그럴 경우 이 규칙들이 반복적
    으로 적용될 수 있음을 고려하시오.

    "Bill might think that John will say nothing"
    Bill은 어쩌면 John이 아무 것도 말하지 않을 것이라고
    생각할 지도 모른다.

S. X-횡선 통사론
X-bar-Syntax

X-횡선은 낱말층위-범주 N, A, V를 대표하는 변항을 가진 자질 복합체의 집합으로서, NP, VP, AP가 보어문을 임의로 가질 수 있음을 나타낸다. X-횡선 통사론은 개별언어가 지니는 구구조 규칙의 체계들이 다음의 보편문법적 규칙에 의해 대체될 수 있음을 가정한다:

$$XP \rightarrow ... X ...$$

60. 어떻게 그러한 규칙에 도달할 수 있고, 그러한 규칙은 무엇을 말하고 있는지 설명하시오.

보어와 부가어
X-횡선 통사론에서는 여러 범주들, 예를 들어 동사들이 특정한 보족어(하위범주화틀에서 파악되는 보어)를 의무적으로 요구하고 있는 반면, 부가어같은 다른 보족어들은 나타날 수는 있지만 반드시 나타날 필요가 있는 것은 아니라고 가정한다.

61. 다음의 예를 근거로 하여 보어와 부가어 사이의 차이를 설
명하시오.

   "Er (VP verzichtete auf den Preis (pp mit
   Vergnügen))"
   그는 기꺼이 상을 포기하였다.

62. 인지언어학의 '보어'(Komplement), '부가어'(Adjunkt) 개념
과 떼니에르(L. Tesniere)의 '공동참여성분(Actants)', '상황
성분(Circonstants)'개념 사이에 유사성이 존재하는지 논하
시오.

횡선-층위

IC-분석과 구구조 문법이 단지 2개의 범주유형, 즉 낱말층위의
범주와 구의 범주만을 구분하는 반면, X-횡선 통사론은 낱말층
위의 범주보다는 크고, 구의 범주보다는 작은 세 번째 범주유형
이 존재하고 있음을 가정하고 있다.

63. 낱말층위의 범주와 구의 범주 사이에 또 다른 하나의 층위
를 가정하는 것이 왜 의미가 있는지 다음의 예를 근거로 하

여 설명하시오:

"this student of physics"
물리학을 공부하는 이 학생

X-횡선 도식
X-횡선 통사론은 세 번째 범주유형이 위의 예에서처럼 단지 명
사구에 대해 뿐만 아니라, 대부분의 다른 구의 범주에 대해서도
마찬가지로 받아들여질 수 있음을 가정하고 있다.

64. 다음의 X-횡선 도식에 어떻게 도달할 수 있고 그것이 무엇
    을 말하고 있는 지 설명하시오.

$$X^n \rightarrow \ldots X^{n-1} \ldots$$

이 도식은 다음의 가능성, 즉 부가어 규칙이 반복적으로 적용될
수는 있지만 그 규칙의 활성화가 보다 더 높은 투영단계에서 확
장되지는 않음을 아직 고려하고 있지 않다.

65. 반복적으로 적용될 수 있는 부가어 규칙들을 포함하는 X-

횡선 도식은 어떻게 나타나는가?

X-횡선 통사론 내에서의 '문장'분석을 위해
X-횡선 도식에 따라 구의 범주를 다루는 것이 (비교적) 아무런 문제없이 진행되었던 반면, 문장의 범주를 다루는데 있어서는 어려움이 있었다. 전통적 분석에 따르면 문장은 다음과 같이 분석된다.

$$S(문장) \rightarrow NP\ M\ VP$$

만약 우리가 X-횡선도식을 기초로 한다면, 어떤 (문장층위)범주 'S'가 최대 투사인지 하는 질문이 주어지게 된다. 또 우리는 범주 'M'(화법동사)이 추상적 범주인 '굴절'(Imflection) — 줄여서 INFL — 을 지정하고 있음을 인정할 수 있다. 이때 INFL은 동사의 시제와 화법이 지정되는 굴절 형태소를 — 모든 문장에 의무적으로 — 지니게 된다. 예를 들어:

"Hans konnte leider nicht kommen."
한스는 유감스럽게도 올 수 없었다.

Ⅰ. 과 제

더 나아가 여기에서는 다음과 같은 것들, 즉 INFL과 문장의
동사구가 밀접한 관계에 있다는 것과, 이들이 하나의 구성성
분을 형성한다는 것이 가정되어졌다. 이러한 사태를 고려하여
이제는 다음과 같은 문장범주의 분석이 제안되었다.

$\overline{\overline{\text{INFL}}} \rightarrow \text{NP } \overline{\text{INFL}}$

$\overline{\text{INFL}} \rightarrow \text{INFL VP}$

(위에서 ‾는 교점의 수를 표시한다)

이러한 규칙들은 다음과 같은 구조의 구구조 표지를 만들어 낸다:

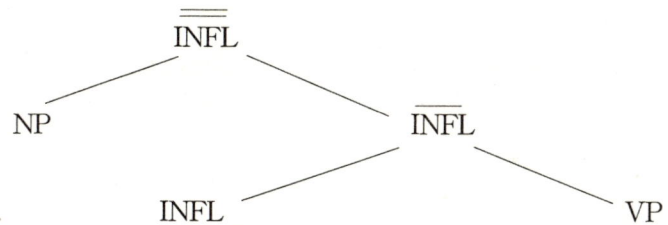

66. 이렇게 변형된 문장범주의 분석을 통해 다음과 같은 문장
　　의 생성이 어떻게 설명될 수 있는지 논하시오.

"Josef liebt Maria"
요셉은 마리아를 사랑한다.

이럴 경우 굴절형태소 "-t"가 근본적으로 동사구 내에서 생성되지 않음을 고려하시오.

C-지정사 분석
일정한 문형을 — 예를 들어 의문문을 — 분석할 경우, 반드시 다음과 같은 전제, 즉 이러한 문장을 생성할 때 IP(시발구) 앞에 채워져야 할 몇몇의 자리들이 여전히 존재하고 있다는 것에서부터 출발해야 할 필요가 있음이 입증되었다;

"(Ich weiß nicht), wen daß der Karl eingeladen hat"
카알이 누구를 초대했는지 (나는 모른다).

이러한 문장들을 설명하고 기술하기 위해 보편문법적 X-횡선 도식에 딱 들어맞는다는 장점을 지닌 'C-지정사 분석' (C-Specifier-Analyse)이 제안되었다:

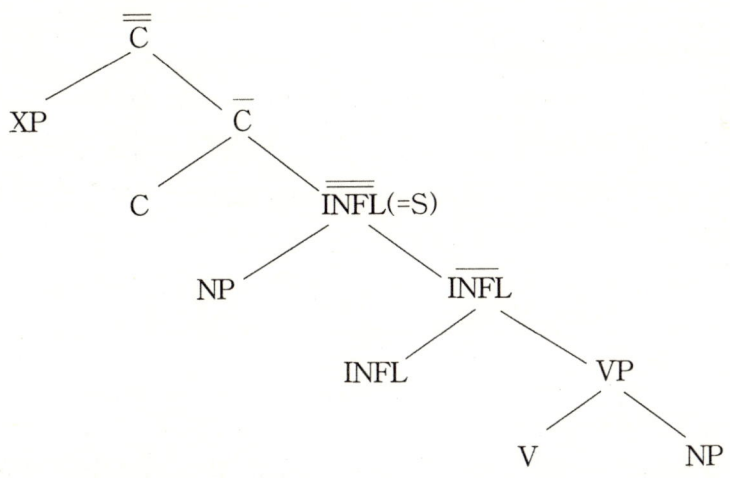

T. 어휘부문
Das Lexikon

어휘부문은 어휘목록(LE: Lexikoneintragungen)을 포함하는데, 여기에는 각각의 '항목'(item)에 대해 그에 독특한 의미자질들이 기재된다.

67. 한 항목의 어떤 의미자질들이 '독특한 것'으로 간주될 수 있는지 논하시오.

하위범주화틀

해당 항목이 나타날 수 있는 통사적 환경에 대한 진술도 마찬가지로 어휘목록에 들어가 있는 정보에 속한다. 그러한 정보들은 소위 '하위범주화틀'(Subkategorisierungsrahmen) 속에서 파악된다.

68. 동사 'geben'의 하위범주화틀을 규정해 보시오.

구구조규칙과 하위범주화틀

어휘부문의 구조에 대한 분석에서 다음과 같은 테제를 세웠다: 여태까지 적용되었던 (언어마다 특유한) 구구조규칙들은 문법에서 제외될 수 있다. 왜냐하면, 그 규칙들이 담고 있는 정보들이 어휘부문의 항목들의 하위범주화틀 안에서 이미 파악되고 있기 때문이다. 구구조규칙을 문법으로부터 제외함으로써 잉여부분이 한층 더 줄어든다.

69. 이것이 무엇을 의미하는지 설명해 보시오.

선택제한

어휘목록은 하위범주화정보 이외에 선택제한에 관한 정보도 포함하고 있다. 선택제한정보는 주어 및 다른 구성성분으로 나타날 수 있는 항목들의 의미론적 특성을 제시해 준다.

70. 동사 'vergessen'의 예에서 선택제한 개념을 설명해 보시오.

71. 선택원칙을 토대로 다음 발화가 비문법적임을 설명하시오:

    *"Der Staubsauger kocht den Schutzmann."
    *진공청소기는 순경을 요리한다.

쎄타역할

끝으로 어휘목록은 문맥정보의 세번째 유형으로서, 의미역할관계에 따라 술어를 해당 논항(= 주어, 구성성분들)에 할당시켜 주는 쎄타역할에 대한 진술도 포함한다. 쎄타역할은 소위 '쎄타그리드'(Theta-Grids)로 표기된다.

72. 현재의 연구수준에서 어떤 쎄타역할들과 얼마나 많은 쎄타 역할들을 인정해야 하는지에 대해서 궁극적으로 명확하게 말할 수 없다. 하지만 특정한 쎄타역할목록에 대해서는 대

체적으로 일치하고 있다. 어떤 쎄타역할들이 여기에 속하며,
이들은 어떻게 정의되고 있는가?

73. 다음 예문에서 논항 "the ball"에 부여되는 의미역할을 규
정해 보시오:

> a) "John rolled the ball down the hill."
>   존은 공을 언덕 아래로 굴렸다
> b) "The ball rolled down the hill."
>   공은 언덕 아래로 굴러 내려갔다

쎄타표지에서의 제한
쎄타표지, 즉 쎄타역할의 할당엔 여러 가지 제한이 따르는
데, 이 제한들은 '쎄타기준'(Theta-Kriterium), '투사원리'
(Projektionsprinzip)라는 명칭으로 총괄되었다.

74. 이 제한들이 무엇을 의미하는지 논하시오.

대상계층
*"John was shaved by himself."(*존은 스스로에 의해 면도되

어졌다)같은 비문법적 문장이 있다 하자.

이 문장의 비문법성은 '재귀어 대상조건'(Reflexive Thematic Condition)이라 불리는 조건을 이용하여 설명될 수 있어야 한다. 이 조건에 따르면: 재귀적 성분은 대상계층에서 그 선행성분보다 더 높아선 안된다. 이때 쎄타역할들 사이에 다음과 같은 계층적 구조가 존재한다고 가정된다:

$$
\text{행위자} \longrightarrow \begin{matrix} \text{처소} \\ \text{기점} \\ \text{착점} \end{matrix} \longrightarrow \text{대상}
$$

75. 예문에서 이 계층조건이 어느 정도 충족되어 있지 않은지 설명하시오.

U. 언어사용의 이론
Zur Theorie der Sprachverwendung

써얼(J.R. Searle)의 견해에 따르면, 말한다는 것은 행위의 한 가지 형태로 간주될 수 있다. 따라서 우리가 만들어내는 발화체는

'화행'(Sprechakte)으로 분석될 수 있다.

76. 써얼의 이론에서 하나의 화행을 수행할 때 동시에 수행되
    는 행위들, 말하자면 하나의 화행을 구성하는 부분행위에는
    어떤 것들이 있는가?

77. 우리가 어떤 발화를 표출할 때, 써얼의 견해에 따르면 항상
    '발화행위'(lokutionärer Akt; locutionary act)를 수행한다.
    언어학에서 어떤 분과가 특히 이 부분행위의 기술을 맡고
    있는가?

78. 써얼은 주로 그가 '발화의도행위'(illokutionärer Akt;
    illocutionary act)라 부르는 부분행위를 다루었다. 그는 발화
    의도행위를 분석하기 위한 일련의 조건들을 제시하고 있다;
    이 조건들로부터 다시금 '사용표지'(Verwendungsindikatoren;
    illocutionary force indication devices)의 사용을 위한 규칙
    들이 도출된다. 써얼은 어떤 사용표지들을 언급했는가?

79. 오스틴(J.L. Austin)과 써얼에 따르면, 발화의도행위와 발화
    효과행위(perlokutionärer Akt; perlocutionary act)는 한 가

지 측면에서 서로 본질적으로 구별된다고 한다. 어떤 측면
인가?

80. '발화효과행위'(Perlokution; perlocution)를 화행에 본질적으
로 속해 있는 성분(측면)으로 간주할 수 있는지의 문제를
논하시오.

81. 화행에 대해서 말할 때, 어떤 화행들이 존재하고 얼마나 많
은 화행들이 존재하는지, 그리고 그 화행들이 어떻게 분류
될 수 있는지의 문제가 대두된다. 이 문제를 해결하기 위해
써얼이 발전시킨 화행분류를 간략하게 소개하시오.

82. 'vermuten'(추측하다)이 발화의도행위인지 논해 보시오.

83. 'trösten'(위로하다)이라는 화행의 특수성을 밝히시오.

Rat geben(도움말 주기)은 지령화행인가?
써얼의 화행유형 분류에 따르면, 'raten'(도움말 주기), 'warnen'
(경고), 'einen Tip geben'(힌트 주기), 'etwas vorschlagen'(제안)
같은 화행의 경우, 이들을 지령적(direktiv) 화행유형에 넣음으

로써 문제없이 이 분류에 포함시킬 수 있다. 하지만 원래 지령
유형의 화행들이 갖는 본질은, 화자가 다른 사람으로 하여금 어
떤 특정한 일을 하도록 만든다는 데 있다.

84. Rat geben(도움말 주기)이라는 화행의 경우 정말로 화자가
    청자로 하여금 어떤 특정한 (실천적, 언어적 또는 심리적)
    행위를 수행하거나 수행하지 않도록 시도한다고 말할 수 있
    는지 논해 보시오. 도움말 주기라는 화행이 흔히 어떤 상황
    에서 수행되는지 염두에 두시오.

V. 텍스트언어학
Textlinguistik

일반적으로 우리는 독백적으로 쓰여졌으며 글로 쓰여지고 문장
보다 더 긴 언어형성체를 '텍스트'로 이해한다. 그러한 텍스트
개념은 '문장초월적인(transphrastischen)' 텍스트언어학에 기초
하고 있다.

85. '문장초월적 텍스트언어학'이라는 개념을 설명하시오.

86. 이러한 입장을 대표하는 언어학자들을 명명하시오. 그리고
어느 정도까지 이러한 입장이 그 근거를 구조주의에서 찾고
있는지 분명히 하시오.

87. 문장초월적 텍스트언어학에서는 '결속구조'(Kohäsion)의 개
념이 중요한 역할을 수행한다. 이 개념을 설명하시오.

88. 예문을 직접 선택하여 결속구조가 텍스트를 형성하는 기준
으로서 충분한지 설명하시오.

텍스트테마와 텍스트구조(Textthema und Textstruktur)
클라인/슈트터하임(Klein/Stutterheim 1991)과 파터(Vater 1992)
의 이해에 따르면, 텍스트의 구조는 대체로 텍스트테마에 의해
규정된다: 개개의 텍스트에는 전국적(global) 텍스트구조를 규정
하고 텍스트의 개별 발화에 깔려있는 '총체적 관념'이 그 기초를
이루고 있다. 잘 정리된 모든 텍스트에는 텍스트 내에서 답변되
는 질문이 있는데, 이를 통해 어느 정도는 어쩔 수 없이 다음과
같은 것이 확정된다. 즉, 한 텍스트의 주구조 또는 부구조에 무

엇이 속하는지, 주구조의 발화들 내에서 화제(Topik)와 주요핵
심은 무엇인지, 어떻게 서로 다른 지시범주들 (시간, 장소, 행위
자, 과정 등등)이 채워져 있는지, 그리고 주구조의 발화들 사이
에서 나타나는 지시의 움직임이 어떻게 이루어지는지 등이다.
어떤 목적을 위해 텍스트가 쓰여졌는지에 대한 질문은 그에 반
해 이러한 개념 속에서는 아무런 또는 부차적 역할밖에는 수행
하지 못한다.

다음에 주어진 두 개의 텍스트 T1와 T2는 자전거 판매상의 팜
플렛에서 뽑은 것이다.

T1 Zuerst den Reifenmantel abmontieren. Dazu nimmt man
am besten einen Schraubenzieher. Dann suchen Sie das
Loch im Fahrradschlauch. Oftmals ist der Reifen an
mehreren Stellen defekt! Die defekte(n) Stelle(n)
säubern und trocknen lassen. Etwas Klebstoff auftragen
und kurz antrocknen lassen. Flicken aufsetzen und fest
andrücken. Das war's schon. Der Reifen ist wieder in
Ordnung.

T1 우선 타이어의 외피를 떼어냅니다. 이를 위해서는 드라이버를 사용하는 것이 제일 좋습니다. 그런 다음 고무호스에 구멍이 났는지 확인합니다. 주로 타이어는 여러 자리에 펑크가 납니다! 펑크 난 자리를 깨끗이 닦아주신 후 말려 주십시오. 그런 다음 본드를 약간 칠하고 잠깐동안 말려두십시오. 헝겊을 펑크 난 자리에 붙이시고 꼭 눌러 주세요. 이제 그것으로 끝났어요. 타이어는 이제 다시 정상이 되었습니다.

T2 Zuerst habe ich den Reifenmantel vom Rad abmontiert. Dazu habe ich einen Schraubenzieher benutzt. Dann habe ich das Loch im Fahrradschlauch gesucht. Wie so oft, war der Schlauch an mehreren Stellen kaputt. Die defekte Stelle habe ich gesäubert und getrocknet. Ich habe etwas Klebstoff aufgetragen und kurz antrocknen lassen. Ich habe den Flicken aufgesetzt und fest angedrückt. Das war schon alles. Der Reifen war wieder okay.

T2 우선 나는 타이어의 외피를 떼어냈습니다. 이를 위해 나는 드라이버를 사용했습니다. 그런 다음 나는 고무호스의 구멍

난 곳을 찾았습니다. 늘 그런 것처럼, 고무호스는 여러 자리에 펑크가 나 있었습니다. 펑크 난 자리를 나는 깨끗이 닦고 말렸습니다. 그런 다음 나는 본드를 약간 칠하였고 잠깐 동안 말려 두었습니다. 나는 헝겊을 펑크 난 자리에 붙이고 꼭 눌렀습니다. 모든 것이 끝났습니다. 타이어는 이제 정상이 되었습니다.

89. 어느 정도까지 T1과 T2같은 텍스트들이 다음과 같은 추측, 즉 만약 우리가 텍스트테마를 적절하게 규정하고자 한다면 그리고 (그에 따라) 텍스트의 구조를 명백히 기술하고자 한다면, 반드시 텍스트의 기능들이 고려되어져야 한다는 그러한 추측을 유발시킬 수 있는 것일까?

의사소통과 관련된 텍스트언어학(Kommunikationsbezogene Textlinguistik)
문장초월적인 텍스트언어학과 텍스트 내의 의미론적 관계를 분석하는 데 특히 관심을 보이고 있는 텍스트 언어학의 여러 변형들은 언어학에서 일어난 소위 '화용론적 전환'(pragmatische Wende)을 통해 등장한 의사소통과 관련된 텍스트 분석모델이 대립되기에 이르렀다. 그럴 경우 텍스트는 언어행위가 수행되는

수단으로 이해되는데, 이런 의사소통지향적인 텍스트언어학내에
서는 두 개의 입장이 이끌어질 수 있다. 즉 첫번째는 텍스트의
독백적 성격을 고집하며 텍스트를 복합적인 화행으로 기술하고
자 하는 입장이며, 또 다른 입장은 '담화의 원리'(dialogische
Prinzip)를 텍스트 분석에서도 고려하고자 한다. 말하자면 이 두
번째 입장은 텍스트를 담화론적 의사소통모델에 기초하여서만
분석할 수 있다고 가정하는 그러한 입장이다.

90. '화행론적'(sprechakttheoretisch) 텍스트언어학과 담화지향
    론적 텍스트언어학을 대표하는 학자들을 들어보시오.

91. 당신이 생각하기에 이러한 두 가지 입장이 완전히 대립되
    어야만 하는지 또는 양립될 수 있는 견해들인지 논하시오.

텍스트유형론(Texttypologie)
헬비히(P. Hellwig 1984)는 '담화론적' 입장을 대표하는 학자들
중의 한 사람이다. 그는 무엇보다도 텍스트의 유형을 대화에 기
초하여 구분하고자 하였다. 그럴 경우 그는 특히 베어리히(E.
Werlich 1975)가 발전시킨 '유형론적 접근방법'을 수용하였다.

92. 헬비히는 베어리히의 연구가, 담화론적으로 기초된 텍스트
   유형론을 제시하고자 하는데 있어서, 어느 정도까지 이용될
   수 있다고 했는지 말하여 보시오.

W. 언어학적 대화연구
Linguistische Dialogforschung

최근의 언어학적 대화연구에서는 좀 단순화시켜 '실제대화분석'
(Konversationsanalyse)과 '대화문법'(Dialoggrammatik)이라 부
를 수 있는 두 가지 패러다임이 존재한다.

93. 실제대화분석의 대표자와 대화문법의 대표자를 들어보시오.

실제대화분석
미국의 민속학적 방법에 연원을 둔 실제대화분석은 그 이론적,
방법론적 기본가정이 소장문법학파와 가깝다고 상정된다.

94. 민속학적 방법의 기본관심사를 설명하시오.

95. 각각의 대상분야와 인식관심사가 판이하게 다름에도 불구
    하고 실제대화분석과 소장문법학파 사이에 어떤 관계를 설
    정할 수 있다고 믿었던 이유를 말해 보시오.

대화문법

훈츠누어셔(F. Hundsnurscher 1980)가 제창한 대화문법에서는
대화유형 및 실제대화를 분석하고 기술하기 위해 촘스키(N.
Chomsky)의 생성문법과 써얼(J.R. Searle)의 화행론에서 다루어
지는 이론적, 방법론적 원칙들을 기초로 삼는다.

96. 대화문법의 전반적 체계를 간략하게 설명하고, 여기에 촘스
    키와 써얼의 언어이론적, 방법론적 생각들이 어느 정도 반
    영되어 있는지 밝히시오.

97. 대화문법에서 특히 관심을 갖는 대화는 "목적있는 대
    화"(purposeful dialogues, Power 1979)라 불리는 것인데, 이
    것은 어떤 종류의 대화인가?

98. 짐멜(G. Simmel 1908/1983)에 따르면, 목적지향의 대화와
    '그 자체가' 목적인 대화를 구분할 수 있다. 이때 짐멜이 어

떤 의사소통형태를 염두에 두고 있는지 논하시오.

99. 짐멜이 말하는 '목적없는'(zweckfrei) 대화가 완전히 그 어떤 조절 없이도 이루어진다고 말할 수 있을까요?

100. 대화문법의 위치는 특히 코르트(M. Kohrt 1986)에 의해 격렬하게 비판받고 있다. 가장 중요한 비판들을 요약해 보시오.

II. 해답

A. 언어와 언어학에 대한 성찰
Reflexionen über Sprache und Sprachwissenschaft

1. 언어를 하나의 '유기체'(Organismus)로 볼 수 있다고 하는
   생각은 낭만주의적 언어관의 특징이다. 이 생각에 따르면,
   언어는 태어나고 발전을 거쳐 전성기를 지나 차츰 쇠퇴해
   가는, 독자적인 삶을 영위한다. 따라서 언어학의 과제는, 이
   러한 언어의 생성, 발전 및 소멸 과정을 재구성하고 설명하
   는 데 있다.

   　언어를 기호의 체계로 파악하는 것은 소쉬르(F. de
   Saussure) 이후 구조주의자들의 사고에서 특징적인 것이다.
   구조주의 언어학의 과제는, 언어기호의 구조 및 기호들 사
   이에 존재하는 관계를 언어체계의 여러 층위에서 기술하는
   것이었다.

언어를 '적정한 문장들의 집합'(Menge wohlgeformter Sätze)
으로 볼 수 있다는 것은 미국의 언어학자이며, 오늘날 '인지언
어학'(kognitive Linguistik)으로 간주되는 소위 '생성변형문
법'(Generative Transformationsgrammatik)의 창시자인 촘스
키(N. Chomsky)에게서 나온 생각이다. 이 언어이론의 대변자
들이 내세우는 과제는, 문법적으로 올바른, 즉 바로 그 '적정
한 문장들'을 생성해 내는 능력(Kompetenz)을 기술하고 설명
하는 것이다.

언어가 '오르가논'(organon), 즉 인간이 의사소통적 의도를
실현시키기 위해 사용하는 도구라는 견해는 이미 플라톤
(Platon)이 피력한 바 있다. 20세기에 뷜러(K. Bühler 1934)가
이 견해를 받아들여 독자적인 언어이론으로 발전시켰다. 이
견해는 또한 오스틴(J. L. Austin)과 써얼(J. R. Searle)이 제창
한 소위 '화행론'(Sprechakttheorie)의 기초를 이루고 있다. 이
언어개념을 바탕으로 하는 언어학은, 언어의 도움으로 추구하
고 실현할 수 있는 목적들을 상술하는 것을 그 과제로 삼는
다. 그러한 언어학을 확대해서 비언어적 의사소통형태들도 기
술할 수 있다.

2. 뷜러는 언어기호가 본질적으로 다음과 같은 세 가지 기능을
   실현한다는 데서 출발한다:

   a) 언어기호는 상징(Symbol)으로서 서술기능(Darstellungs-
      funktion)을 갖는다.

b) 언어기호는 징후(Symptom)로서 표현기능(Ausdrucks-
   funktion)을 갖는다.

c) 언어기호는 신호(Signal)로서 호소기능(Appellfunktion)
   을 갖는다.

예: 화자가 청자에게 "Es zieht"(여기 문바람이 들어오는군)라
   고 말할 때, 이 문장으로서 언어외적 세계의 상태가 서술되
   고(Darstellungsfunktion), 동시에 화자는 이 문장으로 어떤
   느낌을 표현할 수 있고(Ausdrucksfunktion), 마지막으로 청
   자를 통해 어떤 상태변화가 나타나도록, 가령 위 문장을 듣
   고 청자가 문을 닫도록 할 수 있다(Appellfunktion).
    뷜러가 이 세 기능이 언어기호에 내재해 있는 것이라고 가
   정하는 것은 소쉬르의 영향인데, 말하자면 이는 기호기능에
   입각한 생각이다. 하지만 뷜러의 오르가논 모델은, 언어를
   의사소통상의 목적을 실현하기 위한 수단으로 보는 한에 있
   어서 화행론의 선구자격으로 간주될 수 있다.

B. 낭만주의적 언어관
Romantische Sprachbetrachtung

3. 훔볼트(W. Humboldt)가 생각하는 언어의 중개기능을 다음
   과 같이 대략적으로 설명해 볼 수 있겠다:

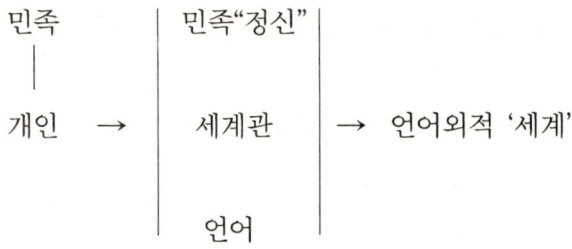

각각의 언어에는 고유한 '세계관'(Weltansicht)이 내재해 있
다. 한 언어공동체 또는 한 '민족'(Nation)에 속한 개인은 모
국어와 함께 동시에 항상 언어와 결부된 세계관도 습득한
다. 인간은 그러므로 결코 언어외적 세계로의 '직접적인'
(unvermittelt) 통로를 가질 수 없고, 이러한 통로는 오히려
개별언어에 의해 중개된 통로이다. 해당 연구문헌에서는 이
중개관계를 명시하기 위해 친척관계나 자연현상들을 지칭하
는 어휘부분들이 언어마다 서로 다르게 발달되어 있음을 그
예로 들고 있다.

언어마다 서로 다른 세계관이 결부되어 있다는 생각은 20
세기에 특히 바이스게르버(L. Weisgerber)와 미국의 사피
어(E. Sapir), 워프(B.-L. Whorf)가 받아들여 계속 발전시
켰다.

C. 20세기 훔볼트의 수용
Zur Rezeption Humboldts im 20. Jahrhundert

4. 바이스게르버(L. Weisgerber)가 이해하는 '에르곤'(Ergon)이
   란, 정태적 체계, 드러나 있는 사실로서의 언어, 즉 흔히 한
   언어의 '문법'(Grammatik)이라 불리는 것을 의미한다. 한 언
   어의 에르곤은, 각각의 언어기호를 그 형태적, 내용적 특성
   들에 입각하여 특징 지우면서 파악될 수 있다. 바이스게르
   버의 견해에 따른다면 이 체계를 밝혀 내는 것이 그 다음
   단계에서 언어를 '에네르게이아'(Energeia), 즉 힘으로서 기
   술할 수 있기 위한 전제이다. 이 사상에 기초가 되어 있는
   생각은, 각각의 언어마다 독자적인 '힘'(Energie)이 내재해
   있다는 것인데, 이 힘이 스스로 뭔가를 '이룩하고'(leisten),
   특정한 방식으로 '작용한다'(wirken)는 것이다. 이때 언어
   (들)의 본질적 성능은, 언어외적 세계를 각각의 고유한 방식
   으로 '언어화'(worten)하는 데 있다 (과제 3의 언어의 중개
   기능에 대한 설명 참조).

5. 바이스게르버는 '전체적'(ganzheitliche) 언어기술을 추구한
   다. 이것은 각각의 개별언어에 한해 별도로 에르곤(형태, 내
   용)과 에네르게이아(성능, 작용)를 파악하고 기술하는 것이
   다. 이때 세부적으로 다음과 같은 과제들과 언어분석적 분
   과들이 규정된다:

어휘	구조음운론	낱말밭이론	모국어적 포착	함축연구
조어	구조형태론	낱말계층분석	포착으로서의 낱말계층	포착의 작용
품사	형태권분석	사고권분석	형성권	형성의 작용
문장	구조적 문장분석 (구성안)	구성안에 대한 내용적 분석	구성안의 정신적 성능	구성안의 작용

D. 소장문법학파의 언어이론
Die Sprachtheorie der Junggrammatiker

6. 소장문법학파를 대표하는 중요한 학자들로는 헤르만 파울(H. Paul), 아우구스트 레스킨(A. Leskien), 베르톨트 델브뤽(B. Delbrück), 헤르만 오스트호프(H. Osthoff), 칼 브루크만(K. Brugmann) 그리고 칼 베르너(K. Verner) 등을 들 수 있다.

7. 소장문법학파는 언어학을 자연과학적 학문이상에 부합될 수 있는 분과의 반열로 끌어올리기 위해, 음운법칙에는 예외가 있어서는 안 된다는 소위 "예외 없는 음운법칙"

(ausnahmeslose Lautgesetze)을 형식화시키고자 노력하였다. 법칙의 효력이 언어에도 요구되어짐으로써, 언어는 '자연적'(naturwüchsig) 현상으로 이해되었으며, 이를 통해 화학이나 물리학과 같은 자연과학적 분과 학문들이 다루는 대상들에 비교될 수 있게 되었다.

8. 음운법칙으로 설명될 수 없는 모든 음운변천 현상들은 유추작용(Analogie)의 개념을 이용해 설명되어졌다. 가령 합성어인 중고지독일어 'wanawitze', 다시 말해 신고지독일어 'Wahnsinn'과 같은 경우, 고고지독일어 'wan'(부족한fehlend)이 고고지 독일어 'wân'(생각, 의도Meinung)에로 동화되어지는 음운현상이 나타나는데, 이러한 음운동화는 근본적 의미의 의미론적 재해석을 통해 야기된다.

E. 음운변천이론
Theorie(n) des Sprachwandels

9. 우리는, 인간의 언어행위가 생물적인 그리고 심리적인 관점에서 언제나 동일했고, 따라서 언제나 인간이 자신의 발화도구(혀, 구강, 그리고 입술)를 동일한 방법으로 사용했으며, 말을 할 경우 동일한 사고연산 관계를 지니고 있다는 것으로부터 시작해야만 한다. 그리고 이러한 전제들로부터 소장문법학파는 출발하고 있는 것이다.

10. 켈러에 따르면, 언어는 '세 번째 유형의 현상'으로 이해되고
    있는데, 이는 소장문법학파가 가정하고 있는 것처럼 언어가
    순수한 '자연현상'(Naturphänomen)도 아니고 또 임의적으로
    변화되어질 수 있는 인간의 산물도 아니기 때문이다.

11. 켈러의 언어변천 이론을 구체적으로 설명하기 위해 다음과
    같은 예가 이끌어질 수 있다: 많은 이발사들이 앞으로는 스
    스로를 더 이상 'Friseure'로서가 아니라, 'Coiffeure'나
    'Hairstylisten'로 부르기로 결심하는 바로 그 순간에, 이전의
    명칭 'Friseure'는 의미의 악화를 겪는다. 즉 언어변천이 일
    어나고 있는데, 이는 어떻게 설명될 수 있는 것일까?
       우리는 다음과 같은 것에서부터 출발할 수 있다. 즉 이들
    이발사들 중 어느 누구도 언어변천을 야기시키고자 하는 의
    도를 지니고 있지 않았다는 것이다. 말하자면 어느 누구도
    'Friseure'의 의미를 악화시키도록 할 의도 또한 가지고 있
    지 않았다고 하겠다. 그들의 의도는 오히려 사회적으로 성
    공하기 위해 주의를 환기시키는 데 있었다. 그러나 그들이
    이러한 의도를 추구하면서 그 결과로서 낱말 'Friseure'의
    의미악화가 (말하자면 '보이지 않는 손'(unsichtbare Hand)
    의 간섭을 통해) 일어나게 되었다. 언어변천은 따라서 교통
    체증이 일어나는 것과 같은 방법으로 설명될 수 있다: 개개
    의 운전자들은 이러한 상황을 의도적으로 야기시키고자 하
    는 것이 아니라, 오히려 그들은 앞사람과 충돌하지 않게 운
    행하고자 한다. 그러나 만약 앞사람이 브레이크를 밟으면

뒤에 따라오는 차 역시도 브레이크를 밟게 되고 그것이 의도적으로 야기되어졌다고는 아무도 주장할 수 없을 교통체증이 일어나게 되는 것이다.

F. 구조주의의 기초
Die Begründung des Strukturalismus

12. 우리는 소쉬르가 언어학에 전혀 새로운 유형의 사고방식을 도입한 것은 결코 아니라고 말할 수 있다. 오히려 원래 소장문법학파에 속하였던 소쉬르가, 소장문법학파들에게 이미 존재하고 있었던 구조주의적 사고들의 여러가지 단서들을 최초로 체계적이고 발전된 형식으로 제시하였다고 하겠다. 소장문법학파의 사고는, 그들이 음운변천 현상을 설명할 경우 언제나 음성의 환경들을 - 구조주의적으로 말한다면, 음성의 분포적 속성들을 - 고려하고 있는 한 구조적이었다고 하겠다.

13. '공시태'(Synchronie)는 특정한 시대에 특정한 언어의 상태를 기술하는 것을 의미하는 반면, '통시태'(Diachronie)는 시간의 흐름 속에서 나타나는 언어의 변천을 기술하는 것을 의미한다.
    소쉬르는 언어기호의 (추상적인) 체계를 '랑그'(langue)라고 불렀으며, 그에 반해 언어의 사용, 즉 현실화된 언어의 체계를 '빠롤'(parole)로써 나타내었다. 그밖에 '랑가쥬'(langage)

는 인간의 일반적인 말하는 능력을 나타내는 명칭으로 이해
된다.

개념쌍 '시니피앙'(signifiant)과 '시니피에'(signifié)는 − 소
쉬르가 기초한 것처럼 − 언어기호의 두 가지 구성부분을 나
타낸다. 따라서 기호는 청각영상(Lautbild=signifiant)과 관념
(Vorstellng=signifié)으로 구성된다고 하겠다. 이 두개의 구
성성분들은 종이의 양면처럼 서로 밀접하게 관련되어 있는
데, 우리는 기호 전체를 파괴하지 않고서는 이들 두 성분을
서로 떼어낼 없을 것이다. 더 나아가 소쉬르에 따르면 시니
피앙과 시니피에는 심리적으로 실재한다고 한다. 다시 말해
소쉬르는 우리가 매번 청각영상과 관념으로 구성되는 기호
를 뇌 속에 저장하고 있음을 가정하고 있는 것이다.

마지막으로 소쉬르는 시니피앙과 시니피에의 관계를 '자의
적인'(arbiträr) 것으로, 다시 말해 수의적 또는 임의적인 것
으로 정의내리고 있다. b/a/u/m과 같은 소리연쇄가 하나의
관념, 즉 커다란 식물이라는 관념과 결합되어 있다는 것은
결코 어떤 동기가 주어져 있는 것은 아니며, 우리가 기호
'Baum'으로 나타내고 있는 언어 외적인 대상에는 이러한 대
상을 그렇게 명명하도록 하게 할 아무런 동기도 주어져 있
지 않다는 것이다. 이러한 표현의 사용은 단지 언젠가 변화
되어질 수 있는 관습적인 문제에 불과할 뿐이다.

14. 구조주의는 랑그, 즉 언어의 추상적 기호체계를 공시적 관
　　점에서 기술할 과제를 지니고 있다. 따라서 이러한 목적을

위해 여러 기술층위들이 세분화되었으며, 또 이러한 층위에
소속되어진 여러 단위들을 목록화시켰고 그리고 개별 단위
들 사이의 관계들이 서로 다른 층위에서 기술되게 되었다.
서로 다른 층위들 또는 부분 체계들의 기술은 결국 세부적
인 구조주의적 부분분과들의 테두리 내에서 수행되어지고
있는 것이다:

층 위	분석단위	부분분과
음운론적 체계	음소	음운론
형태론적 체계	형태소	형태론
의미론적 체계	의미소	의미론
통사론적 체계	문장	통사론

구조주의의 기본적인 방법론적인 조치는 간단한 도표를 통
해 나타내어 질 수 있다:

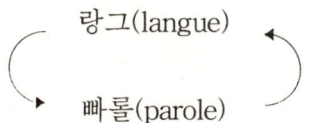

랑그(langue)

빠롤(parole)

 한 언어의 랑그를 찾아내기 위해 구조주의 언어학자가 필
요로 하는 것은 발화체, 즉 한 무리의 현실화된 언어(빠롤)

이다. 이러한 발화체내에 포함된 발화들은 다시금 조그만
단위들로 '분할되고'(segmentiert), 이어서 일정한 자질에 따
라 '분류되어진다'(klassifiziert). 그렇게 분류된 단위들은 '파
라디그마'(Paradigma, 계열관계 또는 선택관계)를 형성하며,
랑그의 단위로써 간주된다(도표 내에서는 위로 향하는 화살
표). 만약 이러한 단위들이 찾아져 있다면, 우리는 - 그 반
대의 처리방법으로 - 구체적인 언어현상을 이러한 추상적
단위들의 현실화된 형식으로써 기술할 수 있을 것이다(도표
내에서는 아래로 향하는 화살표).

G. 프라그 학파: 기능적 언어관찰
Die Prager Schule: Funktionale Sprachbetrachtung

15. 우리는 프라그 구조주의를 '기능주의'(Funktionalismus)라
고 부를 수 있는데, 왜냐하면 다른 구조주의 학파와는 달리
특히 언어기호의 기능적 측면을 다루고 있기 때문이다. 이
는 이미 뷜러(K. Bühler)의 '도구 모델'(Organon-Model)을
다룬 논의에서 밝혀졌으며(과제2 참조), 만약 중심단위인
음소가 '의미를 분별하는 기능'을 지닌 최소의 단위로 정
의되는 뜨루베쯔꼬이의 음운론을 대략이나마 살펴본다면,
마찬가지로 분명해질 것이다(과제 16 참조). 그리고 마지
막으로 프라그 구조주의에서 발전된 개념인 '기능적 문장투시
도'(funktionale Satzperspektive)에서도 기능적 관점이 강조되
고 있음이 명백해진다.

16. 음운론의 언어이론적 기반에서 뜨루베쯔꼬이는 우선 소쉬르처럼 '화행'(Sprechakt=parole)과 '언어형성체'(Sprachgebilde=langue) 사이를 구분하였다.

뜨루베쯔꼬이에 따르면, 개개의 화행은 두 개의 측면, 즉 '표시되는 것'(Bezeichnetes=signifie)과 '표시하는 것'(Bezeichnendes=signifiant)을 지닌다. 화행의 시니피에는 무한한 양의 구체적인 전달내용을 말하며, 화행의 시니피앙은 그에 반해 끊임없이 변할 수 있는 구체적인 소리의 흐름을 뜻한다. 화행의 시니피앙을 다루는 독자적인 학문분과는 화행음성학, 즉 '음성학'(Phonetik)이다. 음성학은 자연과학적인 방법을 분석에 적용한다.

구체적인 화행과 마찬가지로 추상적인 언어형성체 즉 랑그 역시도 두 개의 측면을 지닌다: 언어형성체는 유한한 양의 추상적 규칙으로 구성되어 있는 시니피에와 화행의 음성적 측면이 조직되어지는 — 다시금 유한한 양의 — 규칙으로 구성되어 있는 시니피앙을 포함한다. 바로 이러한 규칙을 다루는 학문이 언어형성체음성학, 즉 '음운론'(Phonologie)이다. 이 학문의 연구대상은 정신과학적 방법으로 조사되고 분석되는 음소들의 집합이다.

음운론은 따라서 한 언어의 음운론적 (부분)체계를 기술하는 과제를 지닌다. 이러한 목적을 위해 음운론은

a) 음소들의 목록을 작성하고

b) 음소들 상호간의 관계를 상술하며
c) 음소들의 결합규칙을 기술해야만 한다.

뷜러와 더불어 뜨루베쯔꼬이는 이제 모든 언어기호에는 세 가지의 기능이 내재해 있다는 전제로부터 출발하고 있다: 서술기능(Darstellung), 표현기능(Ausdruck) 그리고 호소기능(Appell).

뜨루베쯔꼬이는 언어의 표현기능이 일정한 소리현상, 가령 음역에서 인식되어질 수 있고, 호소기능은 그에 반해 다른 소리현상들, 예를 들어 음의 높낮이와 관련하여 정하여질 수 있음을 밝혀내었다. 또 다른 음성자질들은, 낱말과 문장을 소리흐름(Lautstrom)의 연속 속에서 확인할 수 있게 하는 기능을 지니는데, 이러한 기능은 언어기호의 서술기능과 관련되어있다.

뜨루베쯔꼬이가 그런 것처럼, 음운론은 언어의 서술기능과 관련된 개개의 음성자질들을 다룬다.

마지막으로 뜨루베쯔꼬이는 서술기능의 층위에서 서로 다른 소리현상들이 낱말과 문장을 인식하는 기능을 지니고 있음을 확인하였다:

a) 주강음(Haupttöne)은 예를 들어 '절정을 이루는' (kulminative) 기능을 지닌다. 이것을 통해 우리는 문장 내에 얼마나 많은 단위들이 존재하는지를 인식할 수 있다.

b) 고정된 모음의 삽입은 '경계를 설정하는'(delimitative) 기능을 지닌다: 이것은 문장내의 단위들 사이의 경계가 어디에 놓여 있는지를 인식하게 한다.

c) 또 다른 음성자질들은 끝으로 의미를 구별하는 기능을 지닌다: 이것들은 가령 낱말 'list'와 'mist' 사이에 나타나는 의미의 차이를 인식하도록 도와준다.

뜨루베쯔꼬이가 말한 것처럼 음운론은 오로지 c)항에서 언급된 음성자질들, 즉 한 언어에서 의미를 구별하는 기능이 부여되는 자질들만을 다룬다.

H. 구조주의 음운론의 기본 개념들
Grundbegriffe der strukturalistischen Phonologie

17. 과제 16에서의 자세한 설명에 기초하여 음소는 이제 음운론적으로 중요한 음형성체의 속성들 전체로서 정의될 수 있다.

18. 구조주의 음운론은 한 언어의 음소목록을 작성하고, 음소들 사이의 관계를 기술하며, 음소들이 결합될 수 있는 규칙을 진술하는 것을 그 과제로 삼는다.

19. 구조주의적 분석의 기본 처리방법은 이미 설명되었기 때문에(과제 14 참조), 여기에서는 개개의 분석단계를 제시하는 것으로 충분하다:

a) 구체적인 발화체의 자료를 작성한다.

b) 가장 작은 단위(음성Phone)로 발화를 분할한다.

c) 음성과 음소를 분류한다. 그럴 경우 의미를 구별하는 기능이 기준으로서 간주된다.

d) 구체적인 음성들을 음소의 실현형태, 또는 '변이음' (Allophone)으로 기술한다.

20. 한 언어의 음소체계 분석은 다음과 같은 것에 쓰여진다:

a) 가장 작은 단위들을 파악한다. 이러한 가장 작은 단위들로부터 그 다음으로 커다란 단위인 형태소 (과제 21 참조)가 형성된다.

b) 대비연구, 즉 언어비교 연구를 위한 토대를 마련한다. (이것은 다시금, 언어교육의 목적을 위해 중요한 실수를 예견할 수 있게 하는(Fehlervorhersagen zu machen) 작업하는 데 쓰여진다)

c) 언어사회적 내지는 사회언어적 연구를 가능하게 한다: 우리가 알고 있듯이 화자가 음소를 현실화시키는 방식은 엄청난 사회적 결과를 초래할 수 있다(긍정적이든 부정적이든). 그러한 연구를 체계적으로 수행하기 위해서는 한 언어의 음소들을 파악하고 있어야 하고 또 그 실현형태들을 조사해 놓아야 한다.

I. 구조주의 형태론의 기본개념들
Grundbegriffe der strukturalistischen Morphologie

21. 형태소목록을 작성하기 위한 구조주의 형태론의 방법은 14
에서 기술된 바 있는 구조주의의 일반적인 방법론적 진행절
차에 따른다:

   a) 구체적인 발화들로 분석자료 작성
   b) 분할(Segmentierung)을 위해 최소쌍 구성
   c) 의미를 지닌 최소단위로서 아직 분류되어 있지 않은 형
      태들을 확인
   d) 형태들을 형태소들로 분류
   e) 형태들을 형태소의 실현형태(=변이형태Allomorphe)로
      기술

22. 형태는 아직 분류되어 있지 않은, 의미를 지닌 최소단위로
정의된다.
   형태소는 랑그의 추상적 단위이다; 이것은 그 특정한 자질
(대개 분포적 종류)이 공통점을 보여주는 형태들의 부류이
다.
   변이형태는 앞 단계에서 얻어진 형태소의 실현변이체로 기
술되는 구체적인 음성연속체이다. 예를 들자면:
   우리의 분석자료가 다음과 같은 단위들로 구성되어 있다고
가정해 보자:

fahren, (ich) fahre, (die) Fahrt

최소쌍 분석을 이용하여 다음과 같은 형태들을 확인할 수
있다:

fahr-, -en, -e, -t

이 형태들은 이제 다음과 같은 형태소들로 분류된다:

어간형태소: fahr-
부정형 형태소: -en
1인칭 단수 형태소: -e
명사형 형태소: -t

이렇게 확인된 형태소들을 토대로 해서 다른 환경맥락에
서 나타나는 형태들을 바로 이 형태소들의 변이형태들로 기
술할 수 있게 된다. 가령:

Wacht의 경우 어간형태소: wach-; 명사형 형태소: -t

23. 동시에 두 개의 의미를 지니는 형태소를 중첩형태소('옷걸
이형태소'Kleiderständer-Morpheme)라 부른다.

예: 프랑스어에서 전치사 à와 관사 'le'로 분석될 수 있는 형
태 'au'.

형태 'au'는 이로써 전치사의 의미와 관사의 의미를 지니는
낱말로 기능한다.

형태 'au'는 뒤에 나오는 낱말이 자음으로 시작할 때 그 앞
에서 실현된다: au pere, au garage등.

뒤에 나오는 낱말이 모음으로 시작할 경우에는 그와 반대로
분석적 형태인 à + le가 실현된다: à l'ecole.

독일어 형태 'beim'은 프랑스어 형태 'au'와는 반대로 모든
환경에서 분석적 형태인 'bei' + 'dem'으로 대체될 수 있다
는 점에서 중첩형태소로 간주할 수 없다.

24. 단소(Monem)는 동시에 형태소이기도 한 낱말로 정의되는
데, 말하자면 더 이상 쪼갤 수 없는 낱말을 가리킨다.

그렇지만 모든 독일어 동사들은 (최소한) 두 개의 형태소,
즉 하나의 어간형태소와 하나의 굴절형태소로 구성된다.

kaufen;   어간형태소: kauf- 부정형 형태소: -en
kaufe;   어간형태소: kauf- 단수 1인칭 형태소: -e

K. 구조주의 통사론의 기본개념들
Grundbegriffe der strukturalistischen Syntax

25. 떼니에르(L. Tesniere)는 모든 문장이 각각 하나의 구조적
중심을 갖고 있고, 이 중심은 대개 정동사라는 데서 출발한
다. 이 동사는 특정한 공동참여성분들(actants; Aktanten)을

요구하는데, 이 성분들은 문장이 문법적으로 올바르기 위해
문장 안에 반드시 있어야만 한다.
예: 'geben'은 세 개의 공동참여성분을 요구한다. 즉:

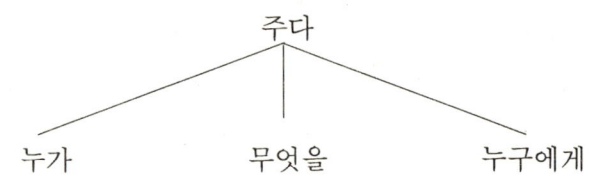

(제 1 공동참여성분) (제 2 공동참여성분) (제 3 공동참여성분)

공동참여성분들이 의존하고 있는 지배적 요소는 '지배성
분'(Regens)으로 표현되고, 의존하고 있는 성분들은 '의존성
분'(Dependentien)이라 불린다.

문장은 의무적 참여성분 이외에 자주 수의적 보충어(상황
성분; circonstants)도 포함하는데, 이는 방법, 장소, 시간 등
의 부대상황을 규정해 주는 말들이다. 이 보충어는 문장이
문법적이기 위해 의무적으로 있어야만 하는 성분은 아니다.
수의적 보충어는 다음과 같이 수형도에 통합된다:

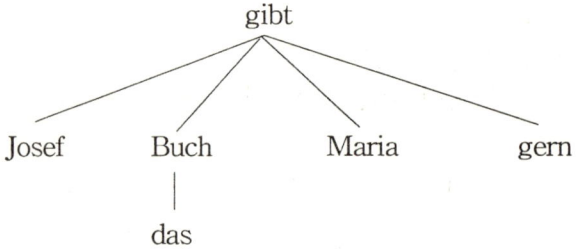

의무적 참여성분이 명사인 데 반해서 수의적 보충어는 부사적 규정어('gern' 참조)로 실현된다.

26. 떼니에르는 문장의 표층에서 나타나는 선적 발화체의 배후에 어떤 계층구조적 질서가 숨어 있다고 가정한다. 그는 우리가 문장을 만들어 내거나 이해하고자 할 때 이 구조적 질서를 인식하게 마련이라는 견해를 피력한다. 즉, 이 질서는 심리적으로 실재하는 것이라고 파악하고 있다.

    구조적 질서는 다음과 같은 성분들로 구성되어 있다:

    a) 구조적 중심
    b) 공동참여성분들
    c) 공동참여성분들 사이의 '연결관계'(Konnexion)

    이러한 구조적 질서는 수형도, 즉 '계보도'(Stemma)의 형태로 표현된다. 이 계보도는 한편으로 문장 안에서의 통사론적 관계를, 다른 한편으로는 의미론적 관계를 나타내 준다.

27. 의무적 참여성분이 언제나 명사이고, 그에 반해서 수의적 보충어는 언제나 부사어라는 테제는 경험적으로 근거없는 것이다.
    예: "Peter wohnt in Hamburg"(페터는 함부르크에 살고 있다)같은 문장에서 'in Hamburg'라는 표현은 의무적인데, 왜냐하면 만약 그렇지 않을 경우 문법적 문장이 성립하지 않기 때문이다: *Peter wohnt(*페터는 살고 있다). 이 경우는

의무적 참여성분이 부사구로 실현되어 있는 경우이다.

28. 직접구성성분분석은 양분적 방법을 통해 문장분할을 행하
    도록 규정한다. 이때 다음과 같은 원칙들을 준수해야 한다:

   1. 단일낱말표현의 팽창으로 간주될 수 있는 단위들이 나
     타나도록 각각의 연속체를 분석해야 한다.
   2. 분할체들 자체가 다시금 팽창으로 간주될 수 있도록 분
     할을 시행해야 한다.
   3. 가능한 한 독립적으로 출현하는 분할체들을 선택한다.
   4. 분할시에 생겨나는 대체부류가 가장 큰 힘을 갖는다는
     원칙이 적용된다.
   5. 낱말경계를 고려한다는 원칙이 적용된다.

문장 "Der König von Frankreich verkaufte Ländereien"(프
랑스의 왕은 영토를 팔았다)은 다음과 같이 분석될 수 있다:

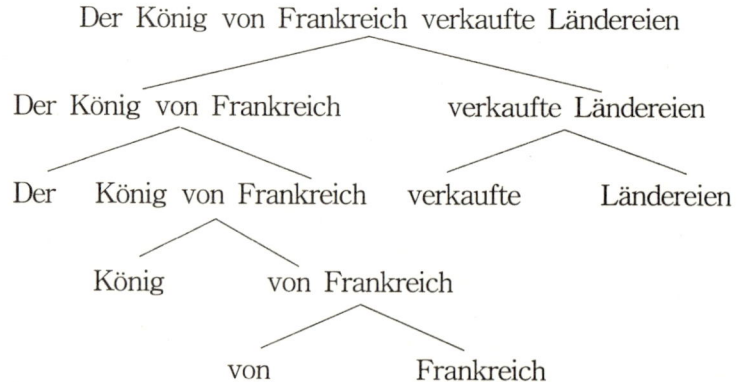

29. 블룸필드(L. Bloomfield)는 그 구성성분들 중의 하나와
    동일한 범주에 속하는 통사적 구문을 '내심구조'
    (endozentrische Konstruktion)라 간주한다.

30. 중의적 문장은 가령 다음과 같이 '여러 뜻을 갖는' 문장이
    다:

    "Das Töten der Löwen war fürchterlich."
    사자의 살해는 끔찍스러웠다

    이 문장은 사자가 살해한 주체일 수도 있고, 살해당한 대
    상일 수도 있다는 점에서 중의적이다.
    문장의 표층구조를 지향하는 직접구성성분분석에서는 이
    러한 다의성을 해결할 수 없다.
    의미유연문장(agnatische Sätze)이란 내용상 관련되어 있
    긴 하지만 그 통사적 구조가 서로 다른 문장들이다. 예:

    Er vergaß seinen Ball. (능동)
    그는 공을 잊어 버렸다
    Sein Ball wurde von ihm vergessen. (수동)
    그의 공은 그에 의해 잊어버려졌다

    직접구성성분분석에서는 마치 이 두 문장 사이에 내용상
    아무런 관계가 없는 것처럼 다룬다. 그러나 모국어능력을
    갖춘 독일어 화자라면 이 두 문장이 똑같은 것을 단지 다른

방식으로 표현하고 있다는 것을 알 것이다. 적절한 문장분
석은 이러한 우리의 지식을 고려해야 한다.

　불연속 구성성분이란, '하나의 덩어리로' 실현되지 않고 문
장의 표층에서 다른 요소들이 그 사이로 끼어 들어가는 성
분이다:

　　예: Er ist schnell gelaufen.
　　　　그는 빨리 달렸다

　여기서 'ist gelaufen'이라는 표현이 부사 'schnell'에 의해
단절되어 있다.

　문장의 표층구조를 지향하는 직접구성성분분석은 조동사
〈ist〉와 본동사(gelaufen)의 의미적, 통사적 결합관계를 적절
하게 보여줄 수 없다.

L. 어휘의미론
Lexikalische Semantik

31. 어휘명칭론(Onomasiologie)은 언어외적 세계의 대상 및 특
　　정한 개념에서 출발해서, 한 언어에서 어떠한 표현들이 이
　　대상 및 개념을 표시하기 위해 사용되는가를 묻는다. 이에
　　따라 Onomasiologie는 'Bezeichnungslehre'라 불리기도 한
　　다.
예: 'Polizist'라는 개념이 주어져 있다 하자; 독일어에서 어떤
　　표현들이 이 개념을 표시하기 위해 존재하고 있는가?

('Schutzmann', 'Freund und Helfer', 'Bulle' 등등)

의미론(Semasiologie)은 명칭론과는 반대로 형태에서 출발해서 그 가능한 의미에 대해 묻는다.

예: 'Absatz'라는 낱말이 주어져 있다 하자. 이 낱말형태는 어떤 의미들을 가질 수 있는가? (구두 뒷굽, 매상, 층계참, 텍스트의 단락...)

32. 낱말밭이론의 창시자는 트리어(J. Trier)로 간주되는데, 그는 1931년도 교수자격심사논문에서 최초로 - 물론 통시적 관점에서지만 - 낱말밭분석을 제시했다.

33. 낱말밭의 한 예로 '죽다'(sterben)를 표현하기 위해 사용되는 동사들을 들 수 있다: krepieren, verrecken, verenden, heimgehen, verhungern, verdursten, zugrundegehen, umkommen, fallen...

낱말밭이론은, 이 모든 동사들이 하나의 의미연속체를 이루고 있고, 이 밭 안에 들어있는 낱말들의 의미는 그 밭 안에서 주위를 이루는 낱말들의 의미와 경계를 이루면서 생겨난다고 가정한다. 또한 밭 안에서 한 낱말의 의미가 변하게 되면 그와 동시에 그 밭에 있는 나머지 다른 낱말들의 의미도 변하게 된다고 가정한다. 이러한 가정들은 특히 기퍼(H. Gipper)가 두덴문법에서 낱말밭 'Frau'(여자)의 예를 통해 알기 쉽게 서술하고 있다.

트리어의 뒤를 이은 바이스게르버(L. Weisgerber)는, 밭 안에서의 낱말들의 조직을 각별하게 강조하며, 각 언어의

모국어적 능력을 갖춘 화자들은 낱말밭과 같은 그 어떤 것
을 머리 속에 가지고 있다고 가정한다. 말하자면 낱말밭에
심리적 실재성이 있다는 것이다. 바이스게르버는 이 가정이,
우리가 낱말형태 및 그와 연결되어 있는 의미의 집합을 가
지고 있다고 가정하는 어휘의미론(Semasiologie)보다 더 설
득력있다고 생각한다.

34. 오늘날의 연구수준에 비추어 볼 때, 우리의 '낱말지식'
(Wortwissen)이 낱말밭의 형태로 조직되어 있다고 말하기
는   힘들다. 오히려 낱말들이 '의미의 그물망'(semantische
Netzwerke)의 형태로 재현되어 있다는 데서 출발할 수 있
다; 우리의 뇌 속에는 그물과도 같은 형태로 다른 개념들과
특유한 관계를 맺고 있는 개념들이 들어 있다. 가령 되르너
(Dörner 1987)같은 인지심리학 분야의 연구에서 이 새로운
구상이 아주 알기 쉽게 기술되어 있다.

35. 낱말밭이란 의미유사성을 보여주는 어휘소들의 집합이다.
그에 반해서 낱말칸살(Wortnische)이란, 바이스게르버의 정
의에 의하면 동일한 형태론적 구조를 가진 낱말들로서, 이
러한 낱말들은 그 의미상 서로 일치하는 점을 보여준다.
낱말칸살의 예: 접두사 'be-'를 가진 동사들 중에서 그 의미
상 서로 일치하는 한 무리의 동사들을 발견할 수 있는데,
가령 다음과 같은 동사들은 모두 "뭔가에 뭔가를 갖추어 주
다"라는 점에서 서로 일치한다:

bekränzen (화환(Kranz)을 갖추어 주다)
berenten (연금(Rente)을 갖추어 주다)
bewaffnen (무기(Waffen)를 갖추어 주다)
bekleiden (옷(Kleidung)을 갖추어 주다)

물론 모든 'be-'동사가 의미론적 관점에서 'Ornativa'(장식, 갖추어 줌의 표현)로 분류될 수 있는 것은 아님은 가령: begegnen, belieben등의 동사에서 잘 알 수 있다.

36. '낱말밭'(Wortfeld)이라는 개념은 의미론적 사태를 분석하고 기술하기 위한 목적에 쓰인다: '낱말가족'(Wortfamilie)이란, 그에 반해 (통시적 관점에서) 모두 동일한 기본형태소로 환원될 수 있다는 특징을 보여주는 어휘소들의 집합이다. 이 낱말들을 하나의 '가족'(Familie)으로 묶는 것은 말하자면 형태론적 관찰에 근거를 둔 것이다.
　낱말가족의 예: 기본형태소 'fahr-'를 갖는 낱말들: fahren, Fahrt, Gefährt, Gefährte, erfahren, Fahrzeug, fahruntüchtig...

37. 비어비쉬(M. Bierwisch)가 말하는 의미에서의 성분분석을 '개선된' 낱말밭이론으로 간주할 수 없는 이유는, 이 분석이 궁극적으로 개별 어휘소들의 의미를 의미자질묶음의 형태로 파악하고 기술하려 시도하기 때문이다. 그러므로 성분분석은, 의미를 갖는 것이 개별어휘소들이 아니고, 낱말의 의미는 밭 전체와의 연관관계에서만 기술될 수 있다고 하는 낱

말밭이론의 중심가정에 위배된다.

38. 소위 원형이론은 필자의 견해로는 명칭론의 현대적 변이형
    이다: 여기서 묻는 것은 개념이나 언어외적 세계에 존재하
    는 대상에 대한 명칭이다 (과제 31 참조). 의미론이 명칭에
    관한 이론이라는 견해를 갖고 있다면, 실제로 정보제공자들
    에게 설문조사를 함으로써 낱말들의 의미를 확증하려는 시
    도를 해 볼 수 있다. 이에 반해 의미란 언어내적 현상이라
    는 견해를 표방한다면, 정보제공자들의 의견(가령 "이것은
    내가 보기엔 충분히 x에 속하지만, 이것은 더 이상 아니다")
    은 아무런 역할도 하지 못한다.

39. 구조의미론에서 발견해 내는 의미자질들이 결국엔 어휘소
    의 사용조건분석이라는 테두리내에서 파악되는 사용조건들
    과 일치한다고 말할 수 있다.

40. 영어학자 라이지(E. Leisi)인데, 그는 "Der Wortinhalt"라는
    책에서 영어의 보통명사('책상'(Tisch), '바람'(Wind) 등등)에
    대한 사용조건분석을 발전시키고 명시하려 시도했다.

41. 그러한 시도는 프랑케(W. Franke 1979)에 의해 행하여졌
    다. 프랑케는 비트겐슈타인식의 의미의 사용이론을 토대로
    낱말밭 '고집하다'(insistieren)를 분석하기 위한 개념을 발전
    시키고 있다.

M. 의미가 배제된 언어학
Linguistics without meaning

42. 발화의 의미는 블룸필드(L. Bloomfield)에 따르면, 이러한 (언어적 대체반응인) 발화를 야기시키는 상황적 요소들과 발화로부터 생겨나는 관찰 가능한 행위로 규정된다. 따라서 '의미'는 언어외적인 것이 되며, 신경학이나 물리학 등과 같은 학문분과의 기술 대상이 된다 하겠다. 결국 이러한 학문들이 의미를 정확하게 기술해 주지 못하는 한, 블룸필드에 따르면, 언어학은 의미론의 문제를 언어학의 기술로부터 배제되는 것이 옳다고 생각하고 있는 것이다.

　행동주의적 이해에 따르면 언어습득은 어린아이가 주어진 상황조건들 하에서 어떠한 언어적 행위가 받아들여질 수 있고 또 다른 사람의 언어행위에 어떻게 반응해야 하는지를 교정과 보강을 통해 배우게 됨으로써 이루어진다.

N. 언어능력 이론에 대하여
Zur Theorie der Sprachkompetenz

43. 소위 인지언어학이 언어학의 오래된 문제제기에 관심을 가지고 있었다는 점에서부터 논의가 시작될 수 있을 것이다:

　　a) 일반적인 언어능력에 관한 이론을 전개시키려는 목표는 소쉬르의 랑가쥬개념을 상기시킨다(과제 13을 참조). 물론 소쉬르의 후계자들에게서 나타나는 구조주의적 접근

방법은 그들의 중요한 과제를 개별언어('외적 언어'의
의미에서)의 '랑그'를 기술하는 데 두고 있다.

b) 개별언어적 지식에 대한 이론의 전개는 소쉬르의 의미
에서 개별언어의 랑그를 기술하기 위한 인지적 상응물
로 간주될 수 있다.

c) 언어습득이론을 전개시키기 위한 노력은 — 정확히 말
하자면 — 오랜 기간동안 지배적인 역할을 수행해 온
행동주의적 언어습득이론의 결점을 제거할 수 있는 적
절한 언어습득 이론에 이르기 위한 시도이다.

d) 언어사용의 이론을 발전시키려는 시도는 이미 뷜러(K.
Bühler)가 행한 바 있다(과제 2 참조). 최근에는 화행론
(오스틴, 써얼)이 특히 언어의 사용방식을 체계적으로
연구하는 것을 과제로 삼아 진행되고 있다. 물론 이러한
접근 방법은 인지언어학적에 의해 한번도 진지하게 반
영된 적이 없다. [참조: 그레벤도르프/함/슈테르네펠트
(Grewendorf/Hamm/Sternefeld 1987)에서 우리는 '의사
소통과 관련된'(kommunikationsbezogene) 언어학에 대
해 비교적 부정적인 언급을 찾아볼 수 있다.]

O. 언어습득이론
Spracherwerbstheorie

44. 자극의 불충분성은 다음과 같은 것을 의미한다:

a) 어린아이는 잘못된 자료를 대하게 된다; 그럼에도 불구
   하고 어린아이는 — 이르든 늦든 간에 — 문법적으로
   옳은 문장을 구성할 수 있다.
b) 어린아이가 특정한 시점이 지난 후부터 구성할 수 있는
   모든 문장들을 이미 이전에 들은 적이 있다는 것은 불
   가능하다. 따라서 어린아이는 창조적인 잠재력(다시 말
   해, 주어진 규칙을 가지고 올바른 문장을 무한히 생산해
   낼 수 있는 잠재력)을 갖고 있음에 틀림없다.

인지언어학자들의 이해에 따르면, 행동주의는 a)와 b)에서
언급된 사실들을 '모방'(Imitation)의 개념으로 설명할 수 없
다.

45. '선천적'(nativistisch) 언어습득 이론의 중요한 성과는 이
    이론이 언어의 창조성을 설명해 줄 수 있다는 데 있어야만
    할 것이다. 선천적 언어습득 이론은 어린아이가 언어습득의
    메카니즘 (LAD = language acquisition device 언어습득장
    치)을 이미 지닌 채 태어난다는 것을 가정함으로써 이러한
    설명을 가능하게 한다. 이 언어습득장치(LAD)는 인간에게
    잠재적으로 무한한 양의 올바른 문장을 생성해 내도록 허용
    하는 유한한 양의 규칙들로 구성된다.

46. 촘스키(N. Chomsky)는 어린아이에게 해당 문법에 맞는 선
    천적 스키마(Schema) 및 입력자료(Input)에 관한 가설들을
    전개하고 검사하기 위한 인지적 절차의 체계가 주어져 있음

을 가정하고 있다 (과제 47 참조). 우리는 도표에서 '데이타'
로 표시된 어린아이의 주변에 있는 사람들의 발화를 입력자
료(Input)로 부르고자 한다. 인지언어학자들의 견해에 따르
면, 어린아이는 그가 들은 문장들의 문법적 구조에 대한 가
설들을 형식화하고, 이 가설들에 대한 예견들을 도출해 내
며 그리고 이 예견들을 새로운 문장들에서 검증한다. 결국
어린아이는 이러한 증거에 모순되는 가설들은 제거하며 단
순화(Einfachheitkriterium) 기준을 통해 제거되지 않은 그러
한 가설들은 받아들이게 된다.

이러한 메카니즘은 최초의 입력자료를 가지고 작동하기
시작한다(데이타에서 LAD로 향하는 화살표). 어린아이는
따라서 하나의 이론을 형성해 내는데, 이는 기술적-설명적
으로 적절한 언어이론을 만들어 내고자 하는 언어학자의 그
것과 비교될 수 있다.

P. 보편문법과 개별언어문법
Universalgrammatik und Einzelsprachengrammatik

47. 촘스키(N. Chomsky)에 따르면, 보편문법은 언어습득을 위
해 유전적으로 결정된 생물학적 기초를 말하며, 이러한 보
편문법은 많은 개별언어들의 문법을 연구하고 모든 언어
의 일반적인 경향과 속성을 탐구함으로써 재구성된다고
한다. "보편문법의 개념은 '자연스러운 경우'를 기술하는
표준적인 핵심문법이라는 생각에 기초하고 있으며, 이러
한 핵심문법은 언어능력의 일부분으로 간주된다. 개별언

어의 규칙과 제약이 활성화됨으로써 보편문법의 기반 위에서 개개의 독특한 개별문법이 보편문법에 기초하여 전개된다(부스만Bussmann 1983: 563)."

48. 생성문법의 범주 내에서 우리는 지역방언적, 사회방언적(soziolektal), 또는 개인방언적인(idiolektal) 언어변이형들을 제외하는 것을 이상화(Idealisierung)로 이해한다. 말하자면 '동질적인 언어공동체'(homogene Sprachgemeinschaft)를 가정하는 것이고, 또한 이것은 '이상적인 화자/청자'(idealer Sprecher/Hörer)로부터 출발하여, 이 이상적인 화자/청자의 언어능력을 기술하고자 하는 것이다.

발견적인(heuristisch) 이유에서 이루어지는 이러한 이상화는 여러 측면에서 비판받는다. 가령 우리는 도대체 무엇으로부터 다음과 같은 확신을, 즉 인간의 언어와 언어사용을 형성하는 것이 도외시되지 않는다는 확신을 지니게 되는지 의문시되었다. 더 나아가 '이상적 화자/청자'의 개념도, 생성문법의 범주에서 기술하고자 하는 것이 궁극적으로 누구의 언어능력인지를 묻게될 때 비판받게 되었다.

49. 문법은, 만약 그것이 올바른 문장만을 만들어 내는 규칙으로 구성되어 있다면, 관찰가능한 것이다. 문법은, 만약 그것이 관찰의 적합성에 대한 기준이 된다면 그리고 그 규칙이 문장들의 구조를 올바르게 기술하여 준다면, 기술 가능한 것이다.

문법은, 만약 그것이 기술 가능한 것이고 그리고 그것이 보편문법에 관한 정확한 가설인 문법이론과 일치한다면, 설명 가능한 것이다.

Q. 언어능력과 언어운용
Kompetenz und Performanz

50. 그레벤도르프/함/슈테르네펠트(Grewendorf/Hamm/Sternefeld 1987)에서의 설명에 따르면, '문법적인' 그리고 '화용론적인' 언어능력은 다음과 같은 상호작용하는 부분체계들('단원' Module)로 이루어져 있다고 한다:

문법적인 언어능력	화용론적인 언어능력
−음운론적인 언어 능력	−인식의 체계
−형태론적인 언어 능력	−역동적인 체계
−통사론적인 언어 능력	−동기부여적인 체계
−의미론적인 언어 능력	−감정적인 체계 등등

그러나 구조주의에서의 층위 구분에 해당하는 문법적인 부분체계들의 세분화가 이러한 형식으로 지지될 수 없으며, '화용론적인 언어능력'이라고 불리워지는 것이 어떠한 능력들로 이루어지는지에 대해 여태까지 그 어떤 구속력있는 진술이 이루어지지 않았음을 시인해야 할 것 같다.

51. '언어능력'과 '언어운용' 사이의 구분에 대해, 그리고 이 두

개념과 소쉬르의 '랑그'와 '빠롤' 사이의 관계에 대해 부스만 (1983: 250)은 다음과 같이 쓰고 있다: "언어능력과 언어운 용은 촘스키(N. Chomsky 1965)의 변형 생성문법의 범주 내 에서 가정되는 일반적인 언어능력과 개인적인 언어사용 사 이의 이분법을 말하는데, 이러한 이분법은 소쉬르의 랑그와 빠롤의 구분을 대체했다. 언어능력은 언어습득의 과정에서 (무의식적으로) 얻어지는, 동질의, 즉 지역방언적인 또는 사 회방언적인 언어변이형들과 무관한 언어공동체의 '이상적인 화자/청자'가 구사하는 각각의 모국어에 대한 심리적 지식 을 일컫는다. (소리나 낱말 등과 같은) 여러 구성성분들과 연 결규칙으로 이루어지는 유한한 목록에 기초하여 화자는 ― 언어 운용의 범주에서 ― 원칙적으로 무한한 수의 발화를 표 출하고 이해할 수 있으며, 문장의 문법성, 다의성 그리고 말 바꿈의 관계(Paraphrasebeziehungen)에 대해 판단을 내릴 수 있는 것이다. (...) '언어운용'(촘스키)과 '빠롤'(소쉬르)의 개념이 오히려 같은 의미로 사용될 수 있는 반면, 상보적 용어들인 '언어능력'과 '랑그'는 중요한 관점에서 구분되어 진다: 랑그는 기호의 정태적 체계로 이해되는 반면, 언어 능 력은 역동적인 개념으로 즉 언어의 무한한 생산을 위한 생 성 메카니즘으로 이해되어 진다."

52. 언어능력은 인지언어학적 관점에서 두 가지 유형으로 구분 될 수 있다 (과제 50 참조):

a) 문법적인 언어능력

b) 화용론적인 언어능력

이러한 언어능력의 현실화는 다음의 개념쌍으로 표시될 수 있다:

c) 문법적인 언어운용

d) 화용론적인 언어운용

그러나 '언어운용적 언어능력'(Performanz-Kompetenz) (언어사용을 위한 능력의 의미에서)이라는 개념의 가정은 부적절한데, 왜냐하면 이러한 능력은 이미 '화용론적인 언어능력'으로 개념화되어 있기 때문이다.

53. 화용론의 과제는 의사소통적인 관련 속에서 언어의 사용방법을 기술하는 것이다. 이러한 목적을 위해 화용론은 '언어적 행위모델'(Handlungsmuster)이라는 개념 하에 포괄되는 '화행유형'(Sprechakttyp), '텍스트유형'(Texttyp) 그리고 '담화유형'(Dialogtyp)과 같은 이론적 구성체를 필요로 한다. 화용론은 언어공동체 내에서 현실화된 언어적 행위모델을 체계적으로 파악하고, 분류하며 그리고 기술하고자 노력하는데, 그럴 경우 화용언어학에서는 언어적 행위모델을 수행하기 위해 관습적으로 사용되어지는 발화형태들이 중요하게 다루어진다.

R. 범주와 구구조의 기술
Kategorien und Phrasenstrukturbeschreibung

54. 실험들:

a) 선치(Präponierung): (Dir im Garten helfen) − Ich
   wette, er wird, wenn du ihn höflich bittest

b) 후치(Postponierung): Ich wette, er wird, wenn du ihn
   höflich bittest, (dir im Garten helfen)

c) 병렬(Koordination): Ich wette, er wird (dir im Garten
   helfen) und (die Hecke scheren), wenn du ihn
   höflich bittest.

d) 대명사화(Pronominalisierung): Glaubst du, daß er mit
   im Garten helfen wird? Ich wette, er wird es,
   wenn du ihn höflich bittest.

e) 생략(Ellipse): Wird er mir im Garten helfen? Ich
   wette, er wird (o), wenn du ihn höflich bittest.

55.

선치(Präponierung):	Hypocrisy, most people can't stand.
문장성분(Satzfragment):	What is it, that most people can't stand? Hypocrisy.
병렬(Koordination):	Most people can't stand(hypocrisy) and(anger).
대명사화(Pronominalisierung):	He can't stand (it).

56.

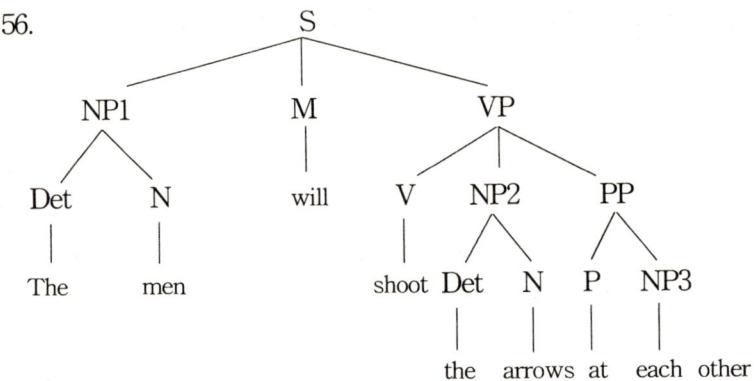

문장의 주어는 명사구 NP1인데, 이것은 범주 S(문장)에 의
해 직접적으로 지배되는 명사구이다.

4격 목적어는 명사구 NP2인데, 이것은 동사구 VP에 직접
적으로 지배되는 명사구이다.

문장의 전치사적 목적어는 명사구 NP3인데, 이것은 전치사
구에 의해 직접적으로 지배되는 명사구이다.

57.

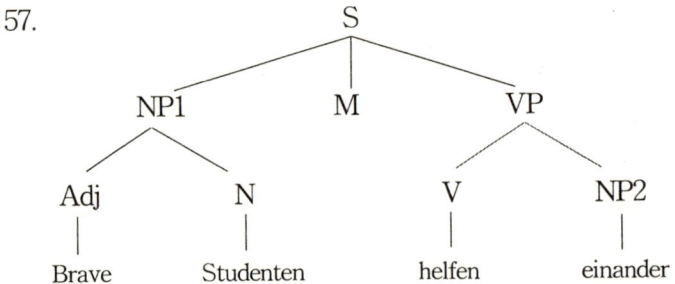

58. 상호적 대용어 "서로"(einander)는 주어인 표현 "좋은 학생
    들"(brave Studenten=선행어)을 공지시하는 것으로 간주될
    수 있는데, 왜냐하면 명사구 NP1위에 있는 첫번째 교점인
    범주 S가 NP1와 NP2를 지배하고 있지만, 이 두 개의 명사
    구들은 서로를 지배하고 있지 않기 때문이다. 따라서 대용
    어에 대한 C(구성성분)-통어조건이 충족되어 있다. 게다가
    대용어와 선행어가 형태론적 관점에서도 역시 서로에게 잘
    들어맞고 있다. 즉, 대용어에 대한 '어울리는 조건'(matching
    condition)도 충족되어 있는 것이다.

59. 구구조 규칙은 다음과 같다:

    $$S \rightarrow NP\ M\ VP$$
    $$VP \rightarrow V \left\{ \begin{matrix} NP \\ S \end{matrix} \right.$$
    $$NP \rightarrow N$$

S. X-횡선 통사론
   X-bar-Syntax

60. X-횡선 통사론은 여러가지 구의 범주들을 생성해내기 위
    한 보편문법적 규칙이다.
    이 규칙이 의미하는 것은 구의 범주가 의무적 어휘성분인
    '머리어'(head)-구성성분들(과제29 참조)과 도표에서 생략부
    호(...)로 표시되고 있는 일정한 수의 보어들로 구성되어 있
    다는 것이다.

우리는 개개의 구의 범주들을 생성해내기 위한 규칙들을 일
반화시킴으로써 보편문법적 규칙에 이르게 된다:

$$VP \rightarrow ... V ....$$
$$NP \rightarrow ... N ....$$
$$PP \rightarrow ... P ....$$
$$AP \rightarrow ... A ....$$

만약 우리가 개개의 낱말층위의 범주를 나타내는 심볼들(N,
V...)을 변수 X로 대체한다면, 우리는 다음과 같은 보편문법
적 규칙에 이르게 될 것이다:

$$XP \rightarrow ... X ....$$

61. 동사 "포기하다"(verzichten)는 의무적인 보어로서 단 하나
의 전치사구PP("auf etwas")를 요구한다. 그러나 전치사구
"mit Vergnügen"은 수의적인 것이므로 부가어로 간주되어
야만 할 것이다.

62. 겉으로만 본다면, 사실 우리는 다음과 같은 등식이 가능하
다고 가정할 수도 있을 것이다:

보충어(Komplement) = 공동참여성분(Aktant)
부가어(Adjunkt) = 상황성분(Circonstant)

과제 27에서 이미 제시된 것처럼, 실제로 떼니에르(L.

Tesniere)는 상황성분이 언제나 수의적인 것으로 간주될 수 있다고 이해한다. 그러나 다음과 같은 문장의 예에서 전치사구 "in Hamburg"이 의무적인 성분, 즉 하위범주화틀에서 파악되어만 하는 보어임이 입증될 수 있다.

예문: "Peter wohnt in Hamburg"(페터는 함부르크에 산다.)

63. NP를 나타내는 구구조 표지는 다음과 같다:

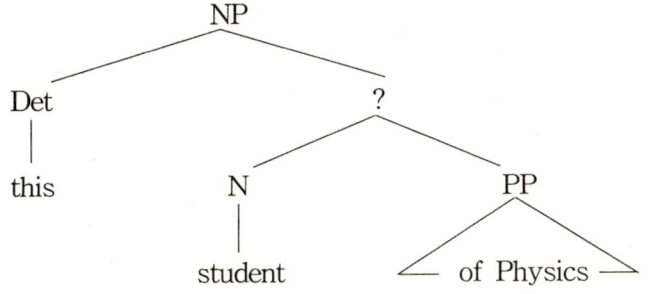

이 구구조표지는 모든 명사구들이 지니는 통사적 속성들이, 계보도에서 임시적으로 의문부호 "?"로 표시되어 있는 범주가 지니는 통사적 속성들과 일치하지 않음을 보여주고 있다. 그 뿐만이 아니라 의문부호 "?"로 표시되고 있는 범주의 통사적 속성과 낱말층위의 범주 'N'의 통사적 속성이 또한 구분되고 있다.

따라서 우리는 N과 전체 NP 사이에 중간 범주가 존재한다는 것, 즉 독자적인 또 하나의 층위(영어에서는 'bar')를 설정할 수 있음을 가정해야 한다.

64. 우리는 다음과 같은 절차를 거쳐 X-횡선 도식에 이를 수
있다:
과제 63에서는 이미 전체 NP와 어휘 범주인 N 이외에 또
하나의 범주층위가 존재한다고 전제하는 것이 의미있음을
설명하였다. 우리는 이러한 사태를 횡선표기법을 이용해 다
음과 같이 나타낼 수 있다:

(Det:한정사, Specifier:지정사, head:머리어, Komplement:보충어)

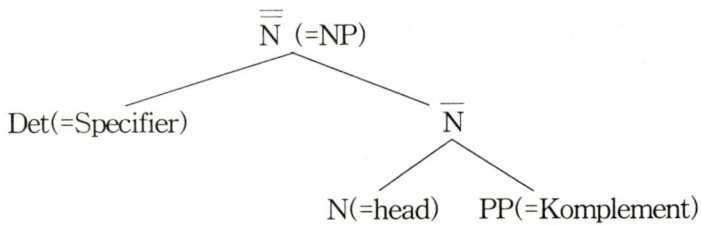

만약 우리가 명사구들(NPs)의 구조뿐만 아니라, 동사구
들(VPs), 형용사구들(APs)등의 구조들도 이러한 형식으
로 형성되어지고 있음을 전제한다면, 그리고 만약 그런
다음우리가 낱말층위의 범주를 나타내기 위해 다시금 변
수X를 첨가시킨다면, 우리는 다음과 같은 도표에 이르게
된다.

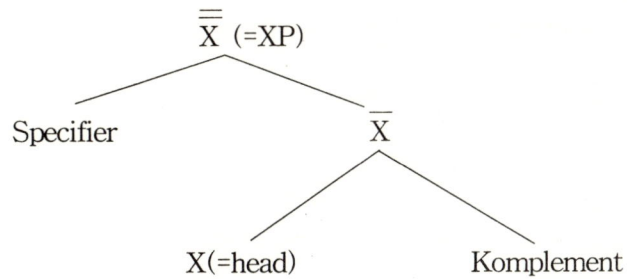

위의 도표에 해당하는 생성 규칙은 다음과 같이 나타난다:

$$\overline{\overline{X}} \rightarrow ... \; X \; ...$$
$$\overline{X} \rightarrow ... \; X \; ...$$

이제 우리는 이 두 개의 규칙들을 과제 64에서 표현된 바 있는 규칙으로 요약할 수 있겠다:

$$X^n \rightarrow ... \; X^{n-1} \; ...$$

이 규칙은 다음과 같은 관찰로부터 이끌어 진다. 즉 오른쪽에는 왼쪽보다 하나의 횡선이 부족한 범주심볼X가 나타난다는 것이다; 이럴 경우 횡선의 수는 변수n으로 대체된다.

65. 반복적으로 적용될 수 있는 부가어 규칙을 파악하는 X-횡선 도식은 다음과 같다:

$$X^n \rightarrow ... \; X^m \; ....$$

부가어 규칙의 경우: m = n

그 밖의 다른 모든 경우: m = n-1

66.

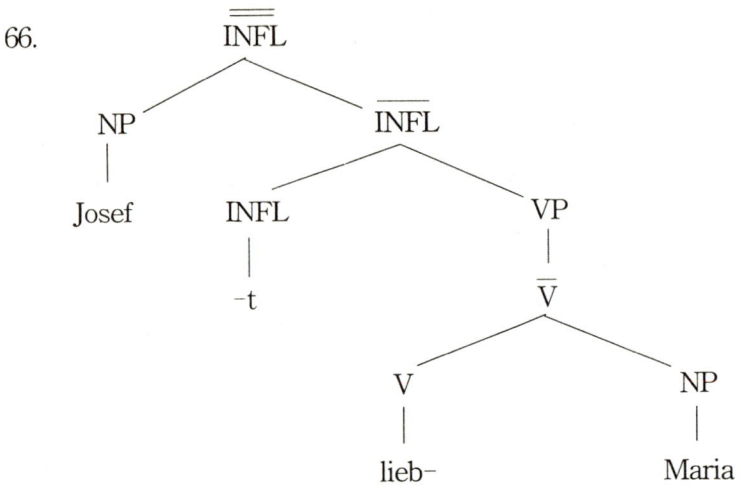

전통 문법에서 본다면 주어로 간주되어야 할 명사구NP ("Josef")는 지정소의 위치에 있으며(과제 64를 참조), INFL 의 위치에는(=머리어) 굴절 형태소 -t가 자리잡고 있다. 그 리고 동사의 어근("lieb-")은 INFL의 보충어가 되는 동사구 VP의 머리어를 형성하고 있고, 4격 목적어 (명사구NP: "Maria")는 동사의 보충어이다.

그러나 여기서 특별히 주목할 만한 것은 INFL과 동사어근 이 잘못된 순서로 배열되어 있다는 것이다. 그렇다면 어떻 게 올바른 순서로 배열할 수 있을까?

최근의 저서에서 촘스키는 이제 굴절 형태소가 어근의 옆으 로 옮겨오는 규칙을 제안하게 되었는데, 우리는 이를 '접사

옮겨붙이기'(affix-hopping)라고 부른다. 그럼에도 불구하고 우리는 — 특정한 근거를 바탕으로 — 동사의 어근이 반대로 INFL의 범주 내에서 이동한다고 생각한다. 따라서 동사의 이동 (V-movement)이 일어나고 있는 것이다.

T. 어휘부문
Das Lexikon

67. '독특하다'(idiosynkratisch)고 간주되는 항목자질은 일반적으로 타당한 보편문법적 원칙으로부터 도출될 수 없는 그러한 자질이다.

68. "geben"은 발렌쯔이론(과제 25 참조)에서 3가로 분류될 동사들 중의 하나이다; 달리 말해서, 한 문장이 문법적이기 위해서는 동사 "geben"의 통사적 환경에서 하나의 주어 명사구와 두 개의 보충어가 나타나야 한다.
이에 따라 그 하위범주화틀은 다음과 같다:

(— NP NP)

(보충어들이 나타나는 순서는 일반적으로 통용되는 원칙에 따라 정해진다; 이에 상응하여 그것에 대한 정보는 하위범주화틀 안에 포함되어 있을 필요가 없다; 과제 67 참조).
하위범주화틀에 대한 진술은 이것으로서 아직 완전치 않은데, 왜냐하면 여태까지 다음과 같은 경우들을 고려하지 않

앗기 때문이다:

"Er gibt das Buch an ihn weiter."
그는 책을 그에게 전해 준다.

"geben"이 요구하는 보충어들중의 하나는 말하자면 전치사
구(PP)일 수도 있다. 이 경우 하위범주화틀에 다음과 같이
기재한다:

(— NP PP)

69. 구구조규칙(PS-규칙)은 어휘목록의 하위범주화틀에 이미
    들어있는 정보들을 되풀이하므로 잉여적이다.
    과제 68에서 예를 들어 동사 "geben"에 대하여 그 하위범주
    화틀이 다음과 같이 규정되었다:

(— NP NP)
(— NP PP)

그런데 해당 V-횡선을 생성하기 위한 구구조규칙이 바로
이 동일한 정보를 제공하고 있다:

$$V \rightarrow \left\{ \begin{array}{l} NP \\ PP \end{array} \right.$$

말하자면 관여적인 정보들이 이미 어휘부문에 존재하고

있기 때문에, 구구조규칙은 상위의 문법에서 제외될 수 있다. 그럼으로써 잉여부분을 축소시키게 된다. 이러한 잉여부분 축소는 언어습득을 설득력있게 설명하기 위해 인지언어학에서 지속적으로 추구하고 있다.

70. 선택제한은 주어와 보충어의 의미론적 특성들을 상술한다. 동사 "vergessen"(잊어버리다)의 경우, 잊어버릴 줄 아는 어떤 주체가 필요하다. 따라서 주어위치에 있는 명사는 의미자질 (+생물체)를 가져야 한다.

  표기: <생물체>

71. 이 문장이 비문법적인 이유는, "kochen"(요리하다)이라는 동사가 주어위치에 (+인간 생물체)라는 의미자질을 갖는 명사를 요구하는 동사들 중의 하나이기 때문이다.

  표기: <인간>

  명사구 "der Staubsauger"가 이 조건을 충족시키지 않으므로 선택제한이 위배된다. 따라서 이 문장은 적정한 문장으로 간주될 수 없다.

72. 통상 다음과 같은 쎄타역할들이 구분된다:

  대상/피행위자: 행위를 겪는 개체: *Klaus* brach sich den Hals. *클라우스*는 목이 부러졌다.

행위자: 행위를 수행하는 개체: *Klaus* warf den ersten Stein. 클라우스는 첫번째 돌을 던졌다.

경험자격: 심리적 상태를 체험하는 개체: *Klaus* war hochgradig verliebt. 클라우스는 깊이 사랑에 빠졌다.

수혜자: 행위로부터 이득을 취하는 개체: Klaus kaufte Blumen *für Irmchen*. 클라우스는 *이름헨*에게 줄 꽃을 샀다.

도구격: 어떤 작용이 이루어지는 수단: Klaus erstach ihn *mit einem Messer*. 클라우스는 칼로 그를 찔러 죽였다.

처소격: 어떤 일이 벌어지는 장소: Klaus sang *im Seminarraum*. 클라우스는 *세미나실에서* 노래불렀다.

착점: 뭔가가 움직이는 데 목표가 되는 개체: Klaus fuhr *nach Düsseldorf*. 클라우스는 *뒤셀도르프로* 갔다.

기점격: 뭔가가 움직여 나오는 개체: Klaus kam *aus der Kirche*. 클라우스는 *교회에서* 나왔다.

73. 두 문장에서 "the ball"이라는 표현은 '대상'(Thema)이라는 의미역할을 갖는다. 두 문장의 통사적 구조가 판이하게 다르지만:

a) 타동구조
b) 능격구조,

논항의 의미역할은 변하지 않는다.

74. 쎄타기준이란 다음을 말한다:

   a) 각 논항에는 단 하나의 쎄타역할만 할당될 수 있고,
   b) 각 쎄타역할은 단 하나의 논항에만 할당될 수 있다.

   이러한 방식으로 "Hubert bekam das neue Buch von Chomsky"(후버르트는 촘스키의 책을 받았다)같은 문장이 다음과 같은 의미해석을 갖게 되는 것을 방지할 수 있다: Hubert는 Chomsky가 쓴 책을 그한테서 직접 받았다.
   투사원리란, 통사적 재현이 어휘부문으로부터 투사되어야 함을 말한다. 다시 말해서, 통사적 재현은 그것이 포함하고 있는 해당 항목의 어휘적 특성들에 준해야 한다.

75. 이 예문에서 주어-명사구("John")는 쎄타역할 대상/피행위자를 갖는 데 반해, 재귀대용어 "himself"는 쎄타역할 '행위자'를 갖는다.
   이로써 계층구조에서 재귀어의 쎄타역할이 선행어의 쎄타역할보다 더 높으므로 계층조건이 충족되어 있지 않다.

U. 언어사용의 이론
Zur Theorie der Sprachverwendung

76. 화행에는 다음과 같은 부분행위들이 있다:

a) lokutionärer Akt(발화행위; Äußerungsakt)

b) propositionaler Akt(지시와 서술; Referenz und Prädikation)

c) illokutionärer Akt(발화의도행위)

d) perlokutionärer Akt(발화효과행위)

77. 발화행위는 특정한 문법적 규칙에 따라 구성된 음성연속체의 발화를 포함한다.
발화행위의 여러 측면들을 연구하는 분과학문은 다음과 같다:

a) 음성학 (음향현상)

b) 음운론 (의미를 구별시켜 주는 기능)

c) 형태론 (형태소들의 형식적 구조)

d) 통사론 (문장의 형식적 구조)

78. 써얼(J.R. Searle)은 'ifids'(= illocutionary force indicating devices)로서 다음과 같은 것들을 들고 있다:

a) 어순

b) 억양

c) 문장부호(구두점)

d) 수행동사

79. 발화의도행위는 발화행위와 관습적인 관계에 있다: 가령 누군가

"Wie spät ist es?"
지금 몇 시야?

라고 물으면, 이러한 문장의 발화는 관습적으로 질문행위의
수행으로 간주된다. 이에 반해서 발화행위와 발화효과행위
사이에는 그러한 관습적 관계가 존재하지 않는다: 가령 화
자가 "Wer war Degas?"(데가스가 누구였지?)라고 물을 때
청자가

"Macht dir wohl Spaß, mich in Verlegenheit zu
bringen?!"
넌 나를 당황하게 만드는 게 그렇게 재미있구나?!

라고 대답하면, '누군가를 당황하게 하다'(jemand in
Verlegenheit bringen)라는 발화(심리적)효과는 "Wer war
Degas?"같은 질문과 관습적으로 결부되어 있다고 말할 수
없다.

80. 청자한테서 특정한 발화효과를 얻어내는 것이 화자의 의도
    일 수 있지만 반드시 그럴 필요는 없으므로, 발화효과행위
    의 개념을 '화행'이라는 개념에 본질적으로 속해 있는 부분
    으로 볼 수는 없을 것이다.

81. 써얼은 다음과 같은 분류를 제안하고 있다:

Repräsentative(단언형): 세계 속에 있는 상태에 대해 진술을

할 목적으로 수행된다; 예: 주장, 통지, 정보주기...

Direktive(지령형): 누군가로 하여금 어떤 것을 하도록 하기
   위해 수행된다; 예: 요구, 부탁, 금지...

Commissive(책무형): 자기 스스로를 특정한 미래의 행위에
   의무지우기 위해 수행된다; 예: 약속, 위협, 보장...

Expressive(표현형): 화자측의 감정상태를 표현하기 위해
   수행된다; 예: 칭찬, 욕, 저주...

Deklarative(선언형): 세계 속에서 새로운 사태를 창조하기
   위해 수행된다; 예: 임명, 해고, 세례...

82. 'vermuten'(추측하다)은 발화의도행위가 아니라, 명제적 태
   도(propositionale Einstellung)이다. 이에 상응하는 발화의
   도행위는 '추측을 표현하다'(eine Vermutung äußern)일
   것이다.

83. 'trösten'(위로하다)의 특징은, 한편으로 발화의도행위가 의
   도될 수 있다는 것다. 즉,

   "Es wird schon wieder gut"(다시 좋아질 거야)

   라고 상대방을 위로해 줄 수 있고, 다른 한편으로 또한 발
   화효과행위 또는 발화효과가 표현될 수 있다는 것이다:

   "Obwohl er sich große Mühe gab, vermochte er sie
   nicht zu trösten."
   그가 무진 애를 썼음에도 불구하고 그는 그녀를 위로해

줄 수 없었다.

84. 써얼의 분류에 따르면 'Rat geben'(도움말 주기)은 지령유형(Direktive)에 속하는데, 그 특징은, 화자가 청자로 하여금 특정한 행위를 수행하거나 수행하지 않도록 시도한다는 데 있다.

　그러나 도움말은 대개 도움말을 받고자 하는 사람이 자신에게 지식결핍상태가 있음을 알리고 도움말을 구하는 데 대한 반응으로 나타난다:

S1: Ich weiß nicht, was ich tun soll, damit... (Was soll ich tun, damit...?)

...하기 위해 내가 무엇을 해야 할지 모르겠어... (...하기 위해 내가 무엇을 해야 할까?)

S2: Tue X.

X를 해라

도움말을 구하는 사람은 대개 어떤 행위를 할 준비자세가 되어 있다 (그는 뭔가를 하고자 하는데 그것을 어떻게 실천해야 할 지 모른다). 이 조건을 토대로, 도움말 주기라는 언어게임은 도움말을 주는 사람이 도움말을 받고자 하는 사람으로 하여금 어떤 행위를 수행하거나 수행하지 않게 만들려고 시도한다는 데 그 특징이 있는 것이 아니다. 오히려 도움말을 주는 사람한테서 기대되는 것은, 그가 도움말을 구하는 사람이 원하는 상태를 이루기 위해 필요한 지식(경험, 아이디어...)을 가지고 있고 바로 이 지식이 '도움말' (Ratschlag)로서 상대방에게 전달되리라는 것이다. 이렇게 볼 때, 도움말 주기를 (흔히) '지령발화적'(direktiv)으로 특징짓는 것에 대해 다시 한번 생각해 볼 필요가 있다.

V. 텍스트언어학
Textlinguistik

85. '문장초월적인'(transphrastisch) 텍스트언어학은, 단순한 문장의 경계를 넘어서는 모든 것을 '텍스트'(Text)로 일컬을 수 있다는 전제로부터 출발한다. 따라서 예문 a)는 문장일 것이고, 예문 b)는 그에 반해 텍스트라고 말할 수 있을 것이다:

   a) Ein Mann kommt aus dem Haus.
      한 사람이 집에서 나오고 있다.
   b) Ein Mann kommt aus dem Haus. Er ist müde.
      한 사람이 집에서 나오고 있다. 그는 피곤하다.

86. 문장초월적인 텍스트언어학을 대표하는 중요한 학자들로 우리는 해리스(Z. S. Harris)와 하르벡(R. Harweg)을 들 수 있다. 이러한 입장은, 문장들 사이의 문법적, 어휘적 관계(결속구조Kohäsion)를 제시하고, 이것을 텍스트구성의 유일한 원리로 인정하는 데만 관심을 두고 있는 한, 구조주의에

그 기원을 두고 있다고 하겠다. 그러나 여기에는 다음과 같은 질문들이 고려되지 않고 있다. 즉 '도대체 이러한 언어형성체도 의미를 지니고 있는 것인가?'하는 질문과 '도대체 어떠한 목적으로 이러한 언어형성체가 발화되는가?'하는 질문이 그것이다.

87. 문장들 사이의 독특한 관계형태, 다시 말해 문법적, 어휘적인 관련을 우리는 '결속구조'라고 부른다. 결속구조는 예를 들어 다음과 같은 문장들 사이에서 존재하다:

　　a) Peter ist müde　페터는 피곤하다.
　　b) Er hat nicht geschlafen.　그는 잠을 못 잤다.

대명사 "er"는 "Peter"와 관련되어 쓰여지고 있다 (공지시성).

88. 결속구조만으로는 텍스트를 구성하는 기준으로서 충분하지 못하다고 하는 것은 예문 a)와 b)를 통해 명확하게 설명되어 진다:

　　a) Er rauchte Zigaretten. 그는 담배를 피고 있었다.
　　　　Zigaretten gibt es im Automaten. 담배는 자동판매기에 있다.
　　b) Sie weinte bitterlich. 그녀는 슬프게 울었다.
　　　　Wieder war er nicht gekommen. 그는 다시 오지 않

았다.

예문 a)에 있는 문장들은 결속구조를 보여주고 있음에도 불구하고, 이러한 문장들의 연속체는 아무런 의미를 지니지 못한다. 예문 b)에 있는 문장들은 형식적인 관점에서 보면 연결되어 있지 않지만, 그럼에도 불구하고 우리는 두번째 문장이 첫번째 문장을 설명해 주고 있음을 알 수 있다. 말하자면 이들 사이에는, 결속구조보다 훨씬 더 텍스트를 구성하는 원칙으로 받아들여질 수 있는 – 우리는 그렇게 가정할 수 있을 것 같다 – 의미적인 관계(Kohärenz)가 존재하고 있는 것이다.

89. 클라인/폰 슈트터하임(Klein/von Stutterheim)에 따르면, T1는 "어떻게 자전거 타이어를 수선하는가"하는 질문에 답하는 '안내 텍스트'로 기술될 수 있을 것이다. 그에 반해 T2는 "내가 어떻게 자전거 타이어를 수선하였는가"에 대한 질문을 통해 그 구조가 규정되는 '개인적인 설명'으로 분류될 수 있을 것이다. 그러나 만약 두 개의 텍스트가 자전거 판매상의 팜플렛에서 뽑은 것임을 고려한다면, 분명 이들 두 텍스트는 동일한 의도로 쓰여지고, 또 출판된 것이라 하겠다. 이들 텍스트는 '사람들이' 선호하는 어떤 상태를 실현시키고자 할 때, 어떻게 행동할 수 있고 어떻게 행동해야 마땅한지를 전달해 주고자 한다. 말하자면 이 두 경우에서는, 일정한 유형의 지식상태, 다시 말해 행위지식을 수용자에게

전달하는 기능을 지니는 조언자 텍스트 또는 지도텍스트이
다. 결국 텍스트의 테마를 적절히 규정하기 위해, 또는 텍스
트 내에서 답변되는 질문에 이루기 위해 텍스트의 기능을
고려하는 것은 피할 수 없다.

90. '화행론적'(sprechakttheoretisch) 텍스트언어학을 대표하는
   학자들로는 특히 모춰(W. Motsch), 피베거(D. Vieweger),
   롤프(E. Rolf) 그리고 브링커(K. Brinker) 등을 들 수 있다.
   '담화지향적'(dialogorientiert) 텍스트언어학을 대표하는 학
   자들로는 특히 훈츠누어셔(F. Hundsnurscher), 프랑케(W.
   Franke), 헬비히(P. Hellwig), 케루빔(D. Cherubim) 그리고
   찜머만(W. Zimmerman) 등을 들 수 있다.

91. 오늘날의 연구상황에서 이들 두 입장들 사이를 '조정하는
   것'(Aussöhnung)은 불가능한 듯하다. 즉 화행론적 텍스트언
   어학은, 텍스트언어학이 담화적 측면들을 고려할 필요가 없
   다고 주장하고 있는 반면, 담화지향론적 텍스트언어학은, 화
   행을 의사소통의 최소단위로 간주하는 화행론의 언어관이
   부적절하다는 전제로부터 출발하고 있다. 담화지향론적 텍
   스트언어학은 언어를 하나의 담화적인 현상으로 보고 있으
   며, 이에 따라 담화적으로 구성된 단위들이 텍스트 분석의
   목적을 위해 쓰여질 수 있다고 가정하고 있다.

92. 베어리히(E. Werlich 1975)는 텍스트유형론에 관한 그의 초

안에서 다음과 같은 생각들로부터 출발하고 있다: 텍스트유형들은 콘텍스트의 대상과 사태에 대한 의사소통과 관련하여 확정된다: 장소적인 상황파악을 위해 이루어지는 의사소통 행위는 텍스트유형 '기술'(Deskription)을 확정한다. 이 텍스트유형에서는 기술적인 (즉, 대상들의 공간적인 관련성을 나타내는) 텍스트테마 전개가 지배적으로 나타난다. 다시 말해 이 텍스트유형에서는 공간 내의 대상의 현상과 변화에 대한 발화들이 연속해서 전개된다. 행위와 행위변화에 대한 묘사는 텍스트유형 '서술'(Narration)로 확정짓는다. 이 유형에서 지배적으로 나타나는 서술적인 텍스트테마 전개에서는 시간적인 관련 속에서 대상의 현상과 변화에 대한 발화들이 전개된다. 텍스트유형 '설명'(Exposition)은 관념적인 현상들의 확인과 연결에 사용된다. 이 유형의 특징은, 말하는 사람들의 개념적인 견해의 분석과 요약에 대한 발화들이 전개되고 있는, 설명적 텍스트테마 전개를 통해 특징지어진다. 텍스트유형 '논증'(Argumentation)에 있어서 특징적인 것은, 말하는 사람들의 개념들 또는 진술들 사이의 관계를 생성해내는 그러한 발화들의 텍스트테마 전개에서 지배적으로 나타나고 있다는 데 있다. 마지막으로 텍스트유형 '지시'(Instruktion)는 지시적인 텍스트테마 전개가 지배적으로 나타나고 있음을 가르킨다. 즉 텍스트 생산자 또는 수신자의 미래적 행태에 대한 의도적인 행위지시로서 간주되어야 하는 발화들의 연속적인 전개를 가르키고 있다는 것이다.

베어리히의 텍스트유형론은, 본디 그것이 이해를 목적으로

하는 의사소통 행위에서 현실화되는 개개의 행위모델을 파
악하기 위한 시도로써 간주될 수 없다는 데, 그 단점을 지
니고 있다. 오히려 그의 유형론은 텍스트유형으로 언어화되
어지고 있는 인간의 인지적 기본능력(이해, 판단, 의도)을
분류하는데 기초하고 있다고 하겠다.

헬비히는 상호작용적인 개념들을 유형론으로 이끌어들임으
로써, 베어리히의 텍스트유형론이 지니고 있는 결점들을 제
거하고자 하였다. 그는 유형론에서 파악되고 있는 개개의
텍스트 종류들에, 그때 그때마다의 텍스트구조가 그 대답을
결정해야 하는, 하나의 중요한 문제제기가 구체적으로 제시
될 수 있음을 가정하였다. 예를 들어 '지시적인' 텍스트종류
에 있어서는 다음과 같은 유형의 질문들, 즉 '무엇이 행하여
질 수 있는가?'하는 질문과 '어떻게 그것이 행하여질 수 이
는가?'하는 질문이 해당 텍스트 내에서 처리되어지는 것이
특징적이라 하겠다. 이런 방법으로 헬비히는 담화론에 기초
한 텍스트유형론에 이를 수 있게 되었다.

W. 언어학적 대화연구
Linguistische Dialogforschung

93. 실제대화 분석연구의 대표자로 꼽을 수 있는 사람은 다음
    과 같다: 홀리(W. Holly), 슈테거(H. Steger), 헨네(H.
    Henne), 레복(H. Rehbock), 디트만(J. Dittmann), 슈트렉(J.
    Streeck), 베르크만(J. Bergmann). '대화문법적' 방향의 대표

자로는 훈츠누어셔(F. Hundsnurscher), 콜(M. Kohl), 힌델
랑(G. Hindelang), 프랑케(W. Franke)등을 꼽을 수 있다.

94. 민속학방법론의 뿌리는 미국의 사회학이다. 그것이 목표로
삼는 것은, 상이한 문화공동체 구성원들의 언어적, 비언어적
행동을 이해, 분석하는 것이다. 이때 적용되는 방법은, 최소
한 그 기대욕구에 있어서 전제없이 사람들의 행동방식을 파
악하고 이러한 행동방식에서 나타나는 규칙성들을 찾은 후,
한 문화공동체의 구성원들이 분명히 따른다고 인정할 수 있
는 규칙들을 표현하는 것이다. 말하자면 그 방법론은 이전
에 발전되었던 이론적 개념들의 사용을 일관성있게 피하고
자 하는 귀납적, 경험적 방법이다.

95. 소장문법학자와 민속학방법론에 바탕을 둔 실제대화분석
사이의 유사성은 경험적 언어자료에 일관성있게 눈을 돌린
것, 즉 그들의 실증주의적 학문이론에 있다. 소장문법학자들
은, 음성변천의 법칙을 추적하려는 의도로 '실제로 말하여진
언어'(tatsächlich gesprochene Sprache)를 연구했다 (과제 9
참조); 민속학방법론을 바탕으로 하는 실제대화분석에서는
언어행위의 기저에 깔려있는 규칙들을 세우기 위해 말하여
진 언어자료를 분석한다.

96. 대화문법은 대화구조의 생성시에 기초가 되는 규칙들을 −
민속학방법론에 바탕을 둔 실제대화분석에서 요청하는 바와

달리 — 귀납적, 경험적인 방법으로는 찾아낼 수 없고 연역적,
이론적으로만 추론될 수 있다고 가정한다. 대화문법은 이 경
우에 화행론으로부터 '행위표본'(Handlungsmuster)이라는 개
념을 받아들이는데, 이것을 기술할 때 세 가지 측면을 고려에
넣는다:

  a) 행위목표
  b) 행위조건
  c) 행위수단

대화유형들도 행위표본으로 간주할 수 있다는 데서 출발한
다면, 대화를 통해서도 어떤 목표를 추구하게 되고, 또 대화
는 그 안에서 일어나는 모든 발화들이 상위의 지배적인 목
적에 도달하는 데 지향함으로써 그 구조를 얻게 된다. 예:
상담대화(Beratungsdialog)라는 대화유형은 대화에 참여하
는 화자들 중에 한 사람이 갖고 있는 문제를 함께 풀려는
목적으로 실현된다. 이것이 지배적인 목적이다. 이 목표에
도달할 수 있기 위해서

  a) 첫번째 단계에서는 당면한 문제를 확정하고, 경우에 따
     라서는 분석해야 하고;
  b) 두번째 단계에서는 해당 문제를 해결하기 위해 제시된
     제안들에 대한 논의가 있어야 하고;
  c) 세번째 단계에서는 적합한 해결방안에 대한 이해, 합의

에 도달해야 한다.

상위의 지배적 목표로부터 부분목표들을 도출하고, 이 부분
목표들이 소위 '기능단계'(funktionale Phase)라는 틀 속에서
실현된다고 가정함으로써 상담대화라는 대화유형에 다음과
같은 구조를 지정할 수 있다:

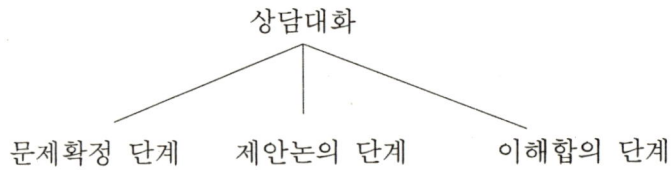

또한 각각의 단계에서 부분목표들은 규칙적으로 서로 연결
되어 있는 화행들이 수행되면서 실현된다고 가정할 수 있
다. 각각의 대화유형에 대해 위와 같은 방식으로 '대화문
법'(Dialog-Grammatik)을 만드는 것이 목표인데, 이것은 촘
스키(N. Chomsky)의 의미에서 생성문법의 기본관심사와의
명백한 유사성을 보여주고 있는 시도이다.

97. '목적있는 대화'(purposeful dialogues)란 그 목적을 분명하
    게 정의할 수 있는 대화유형을 가리킨다. 여기에 속하는 대화
    유형은: 상담대화(Beratungsdialog), 기획대화(Planungsdialog),
    심문(Verhör), 협상대화(Aushandlungsdialog)등이다. 프랑케
    (W. Franke 1990)에서는 각각의 대화유형에 내재해 있는 목
    적들을 토대로 대화유형들을 분류할 것을 제안하고 있다.

98. 목적을 이미 '그 자체내에' 지니고 있는 대화로서 짐멜(G. Simmel)은 가령 오늘날 우리가 '대담'(Konversation), '가벼운 대화'(small talk)등으로 부르는 '사교담화'(gesellige Unterhaltung)를 들고 있다. 이러한 대화형태들의 특징은, 아무것도 목표로 하지 않는다는 데 있다; 이 대화유형들은 대화가 이루어지면서 이미 그 목적을 달성하고 있는 것이다.

99. 대담같은 대화형태에 목적이 없다고 해서 거기에 규칙마저 없다는 식으로 추론해선 안된다. 오히려 이러한 형태들의 경우에도 (그리고 아마 바로 이 대화형태들의 경우에) 테마 선택이라든가 대화방식과 관련해서 비교적 엄격한 제한이 존재한다고 가정할 수 있다. 가령 사교담화에서는 가능하다고 해서 모든 테마를 다 언급해선 안되고 대화태도가 상당한 정도로 조절되어 있다는 것을 알고 있다는 것은 화자의 의사소통적 능력(kommunikative Kompetenz)에 속한다. 예를 들어 사교담화에서 어떤 테마를 논쟁적으로 다루게 되면, 특정 입장(견해)을 관철시킬 수 있다 하더라도 그로써 - 짐멜이 표현하듯이 - 대화의 '목적론적 주안점'(teleologische Spitze)이 왜곡되어버리고 마는 것을 막을 수 없다: 이 경우에 대화는 단순한 담화로부터 목적지향의 논쟁대화(Streitgespräch)로 탈바꿈하고, 이것은 다시금 그 나름대로의 규칙을 갖게 된다.

100. 코르트(M. Kohrt 1986)는 특히 다음과 같은 이유에서 대화
　　　문법을 비판했다:

　　a) 대화개념이 분명하게 설명되어 있지 않고;
　　b) 포퍼(K. Popper)의 의미에서 연역적인 이론이 아니고;
　　c) 그 성과가 경험적으로 검증될 수 없고;
　　d) 촘스키가 문장을 판정하기 위해 발전시킨 '적정성'
　　　　(Wohlgeformtheit)이라는 개념을 부당하게 대화구조에
　　　　적용시킨다.

　　코르트의 이의제기는 콜(M. Kohl 1989)과 프랑케(1993)에서
　　다루어지고 있다.

III. 참고문헌

일반적인 참고자료와 사전류

ALTHAUS, HANS PETER/HENNE, HELMUT/WIEGAND, HERBERT ERNST (Hrsg., 1980): Lexiokon der Germanistischen Linguistik. 2., vollständig neu bearb. u. erw. Aufl. Tübingen.

BUSSMANN, HADUMOD (1983-1990): Lexikon der Sprachwissenschaft. 2., völlig neu bearb. Aufl. Stuttgart.

LEWANDOWSKI, THEODOR (1990): Linguistisches Wörterbuch. 5., überarb. Aufl. Heidelberg, Wiesbaden.

A: 입문서와 기초문헌들

ARENS, HANS (1974): Sprachwissenschaft. Der Gang ihrer Entwicklung von der Antike bis zur Gegenwart. 2.

Aufl. Frankfurt/Main.

BARTSCH, RENATE/VENNEMANN, THEO (Hrsg., 1973): Linguistik und Nachbarwissenschaften. Kronberg/Ts.

BAUMGÄRTNER, KLAUS u.a. (1974): Lehrgang Sprache. Einführung in die moderne Linguistik. Tübingen.

BRINKMANN, HENNIG (1971): Die deutsche Sprache. Gestalt und Leistung. 2., neu bearb. u. erw. Aufl. Düsseldorf.

EISENBERG, PETER (1989): Grundriß der deutschen Grammatik. 2., überarb. u. erw. Aufl. Stuttgart.

FIEHLER, REINHARD(1990): 'Kommunikation, Information und Sprache. Alltagsweltliche und wissenschaftliche Konzeptualisierungen und der Kampf um die Begriffe.' in: Weingarten, Rüdiger (Hrsg.): Information ohne Kommunikation? Frankfurt/Main, S.99-128.

GLEASON, HENRY A.(1955): An Introduction to Descriptive Linguistics. New York.

GREWENDORF, GÜNTER/HAMM, FRITZ/STERNEFELD, WOLFGANG (1987): Sprachliches Wissen. Eine Einführung in moderne Theorien der grammatischen Beschreibung. Frankfurt/Main.

HELBIG, GERHARD(1989): Geschichte der neueren Sprachwissenschaft. 8. Aufl. Opladen.

HARRIS, ZELLIG S.(1951): Methods in Structural Linguistics. 4. Aufl. Chicago.

HOCKETT, CHARLES F.(1969): A Course in Modern Linguistics. 14. Aufl. New York.

LINKE, ANGELIKA/NUSSBAUMER, MARKUS/PORTMANN,

PAUL R. (1991): Studienbuch Linguistik. Tübingen.

LYONS, JOHN(1975): Einführung in die moderne Linguistik. 4. Aufl. München.

LYONS, JOHN(1983): Die Sprache. München.

PELZ, HEIDRUN(1978): Linguistik für Anfänger. 2. Aufl. Hamburg.

WUNDERLICH, DIETER(1974): Grundlagen der Linguistik. Reinbek.

B: 낭만주의적 언어관

ARENS, HANS(1969): Sprachwissenschaft. Der Gang ihrer Entwicklung von der Antike bis zur Gegenwart. Bd.1, Frankfurt/Main, darin: S.155-227.

HUMBOLDT, WILHELM VON(1820/1985): 'Über das vergleichende Sprachstudium in Beziehung auf die verschiedenen Epochen der Sprachentwicklung.' in: Wilhelm von Humboldt: Über die Sprache. Ausgewählte Schriften. Mit einem Nachwort herausgegeben u. kommentiert von Jürgen Trabant. München, S.7-27.

HUMBODT, WILHELM VON(1830-1835): 'Über die Verschiedenheit des menschlichen Sprachbaues und ihren Einfluß auf die geistige Entwicklung des Menschengeschlechts.' in: Wilhelm von Humboldt: Schriften zur Sprache. Hrsg. von M. Böhler. Stuttgart, S.30-59.

C: 20세기 훔볼트의 수용

DITTMANN, JÜRGEN(1980): 'Sprachtheorie der inhaltbezogenen Sprachwissenschaft.' in: Deutsche Sprache, 8.Jg., Teil 1: S.40-74; Teil 2: S.157-176.

HOBERG, RUDOLF(1970): Die Lehre vom sprachlichen Feld. Düsseldorf.

WEISGERBER, LEO(1969): 'Vier Stufen in der Erforschung der deutschen Sprache.' in: Wirkendes Wort, 19.Jg., S.145-163.

WEISGERBER, LEO(1962): Grundzüge der inhaltbezogenen Grammatik. Von den Kräften der deutschen Sprache I. Düsseldorf.

D: 소장문법학파의 언어이론

BRUGMANN, KARL/OSTHOFF, HERMANN(1878/1974): 'Vorwort zu Morphologische Untersuchungen auf dem Gebiete der indo-germanischen Sprachen'. Hildesheim, S.3-20.

PAUL, HERRMANN(1970): Prinzipien der Sprachgeschichte. Studienausgabe der 8. Aufl. Tübingen.

PUTSCHKE, WOLFGANG(1969): 'Zur forschungsgeschichtlichen Stellung der junggrammatischen Schule'. in: Zeitschrift für Dialektologie und Linguistik, 36.Jg., S.19-48.

E: 언어변천이론

KELLER, RUDI(1982): 'Zur Theorie des sprachlichen Wandels.' in: Zeitschrift für germanistische Linguistik, 10, S.1-27.

KELLER, RUDI(1990): Sprachwandel. Von der unsichtbaren Hand in der Sprache. Tübingen.

WINDISCH, RUDOLF(1988): Zum Sprachwandel. Von den Junggrammatikern zu Labov. Frankfurt/Main.

F: 구조주의의 기초

BIERWISCH, MANFRED(1974): Strukturalismus. Geschichte, Probleme und Methoden. 3. Aufl. Gießen.

LEPSCHY, GIULIO C.(1969): Die strukturale Sprach- wissenschaft. Eine Einführung. 3., durchges. Aufl. München.

SAUSSURE, FERDINAND DE(1916/1967): Grundfragen der Allgemeinen Sprachwissenschaft. 2. Aufl. Berlin.

G: 프라그 학파: 기능적 언어관찰

ARENS, HANS(1969): Sprachwissenschaft. Der Gang ihrer Entwicklung von der Antike bis zur Gegenwart. Bd.2, Frankfurt/Main.

BÜHLER, KARL(1934): Sprachtheorie. Die Darstellungsfunktion der Sprache. Jena.

LEPSCHY, GIULIO C.(1969): Die strukturale Sprachwissenschaft.
　　　Eine Einführung. 3., durchges. Aufl. München, darin:
　　　Kap.3.

H: 구조주의 음운론의 기본개념들

FRITZ, GERD (1974): 'Phonologie I / II.' in: Baumgärtner,
　　　Klaus u.a.: Lehrgang Sprache. Einführung in die
　　　moderne Linguistik. Tübingen, S.206-241.
TERNES, ELMAR (1987): Einführung in die Phonologie.
　　　Darmstadt.
TRUBETZKOY, NIKOLAI S. (1977): Grundzüge der
　　　Phonologie. 6. Aufl. Göttingen.

I: 구조주의 형태론의 기본개념들

BENSE, ELISABETH/EISENBERG, PETER/HABERLAND,
　　　HARTMUT (Hrsg., 1976): Beschreibungsmethoden des
　　　amerikanischen Strukturalismus. München.
BERGENHOLTZ, HENNING/MUGDAN, JOACHIM(1979):
　　　Einführung in die Morphologie. Stuttgart usw.
KASTOVSKY, DIETER(1974): 'Morphologie I / II.' in:
　　　Baumgärtner, Klaus u.a.: Lehrgang Sprache. Einführung
　　　in die moderne Linguistik. Tübingen, S.242-276.
NIDA, EUGENE A. (1946): Morphology. Ann Arbor.

K: 구조주의 통사론의 기본개념들

BAUMGÄRTNER, KLAUS(1970): 'Konstituenz und Dependenz. Zur Integration der beiden grammatischen Prinzipien.' in: Steger, Hugo (Hrsg.): Vorschläge für eine strukturale Grammatik des Deutschen. Darmstadt, S.52-77.

BENSE, ELISABETH/EISENBERG, PETER/HABERLAND, HARTMUT(Hrsg., 1976): Beschreibungsmethoden des amerikanischen Strukturalismus. München.

BLOOMFIELD, LEONARD(1933): Language. New York.

BRINKER, KLAUS(1972): Konstituentenstrukturgrammatik und operationale Satzgliedanalyse. Methodenkritische Untersuchungen zur Syntax des einfachen Satzes im Deutschen. Frankfurt/Main.

BRINKER, KLAUS(1977): Modelle und Methoden der strukturalistischen Syntax. Stuttgart usw.

HERINGER, HANS JÜRGEN(1970): 'Einige Ergebnisse und Probleme der Depenzdenzgrammatik.' in: Deutschunterricht 22.4, S.42-98.

NÄF, ANTON(1984): 'Satzarten und Äußerungsarten im Deutschen. Vorschläge zur Begriffsfassung und Terminologie.' in: Zeitschrift für germanistische Linguistik, 12, S.21-44.

TESNIERE, LUCIEN(1959/1980): Grundzüge der strukturalen Syntax. Stuttgart.

WELLS, RULON S.(1947): 'Immediate Constituents.' in:

Language 23, S.81-117.

L: 어휘의미론

BAUMGÄRTNER, KLAUS(1967): 'Die Struktur des Bedeutungsfeldes.' in: Moser, Hugo (Hrsg.): Satz und Wort im heutigen Deutsch. Probleme und Ergebnisse neuerer Forschung. Düsseldorf, S.165-197.

BIERWISCH, MANFRED(1969): 'Strukturelle Semantik.' in: Deutsch als Fremdsprache 6, S.66-74.

DÖRNER, DIETRICH(1987): Problemlösen als Informationsverarbeitung. 3. Aufl. Stuttgart.

FAUST, MANFRED(1978): 'Wortfeldstruktur und Wortverwendung.' in: Wirkendes Wort 28, S.365-401.

FRANKE, WILHELM(1979): 'Überlegungen zur semantischen Beschreibung von Sprechaktverben des <Insistierens>.' in: Zeitschrift für germanistische Linguistik 7.1, S.28-39.

GECKELER, HORST(1971): Strukturelle Semantik und Wortfeldtheorie. 2, unveränd. Aufl. München.

GIPPER, HELMUT(1973): 'Der Inhalt des Wortes und die Gliederung des Wortschatzes.' in: Duden, Bd. 4: Die Grammatik. Mannheim usw., S.415-473.

HOBERG, RUDOLF(1970): Die Lehre vom sprachlichen Feld. Düsseldorf.

HUNDSNURSCHER, FRANZ(1971): Neuere Methoden der Semantik. Eine Einführung anhand deutscher Beispiele. 2., durchges. Aufl. Tübingen.

LEISI, ERNST(1975): Der Wortinhalt. 5. Aufl. Heidelberg.

ROSCH, ELEANOR(1973): 'Natural Categories.' in: Cognitive Psychology 4, S.328-350.

SCHWARZ, MONIKA (1988): Sprache und Kognition. Köln.

TRIER, JOST(1931): Der deutsche Wortschatz im Sinnbezirk des Verstandes. Heidelberg.

WEISGERBER, LEO(1927/1964): 'Die Bedeutungslehre - ein Irrweg der Sprachwissenschaft?'. in: Gipper, Helmut (Hrsg.): Leo Weisgerber - Zur Grundlegung der ganzheitlichen Sprachauffassung. Aufsätze 1925-1933. Düsseldorf, S.76-98.

WICHTER, SIGURD u.a.(1984): 'Einflüsse bei der Wahl von Bezeichnungen. Nachuntersuchung des Gefäß-Experiments von Labov im Deutschen.' in: Zeitschrift für germanistische Linguistik 12. 2, S.156-180.

WITTGENSTEIN, LUDWIG(1953/1971): Philosophische Untersuchungen. Frankfurt/Main.

M: 의미가 배제된 언어학

BENSE, ELISABETH/EISENBERG, PETER/HABERLAND, HARTMUT(1976): Beschreibungsmethoden des amerikanischen Strukturalismus. München.

BLOOMFIELD, LEONARD (1933): Language. New York.

BRINKER, KLAUS(1977): Modelle und Methoden der strukturalistischen Syntax. Stuttgart.

N: 언어능력 이론에 대하여

BIERWISCH, MANFRED(1987): 'Linguistik als kognitive Wissenschaft. Erläuterungen zu einem Forschungsprogramm.' in: Zeitschrift für Germanistik 6, S.645-667.

CHOMSKY, NOAM(1957): Syntactic Structures. The Hague. (dt. 1973: Strukturen der Syntax. The Hague, Paris.)

CHOMSKY, NOAM(1965): Aspects of the Theory of Syntax. Cambridge/Mass.(dt. 1970: Aspekte der Syntax-Theorie. Frankfurt/Main.)

CHOMSKY, NOAM(1981): Regeln und Repräsentationen. Frankfurt/Main.

CHOMSKY, NOAM(1986): Knowledge of language. Its nature, origin, and use. New York.

FANSELOW, GISBERT/FELIX, SASCHA W.(1987): Sprachtheorie. 2 Bd. Tübingen.

GREWENDORF, GÜNTER (1988): Aspekte der deutschen Syntax. Eine Rektion-Bindungs-Analyse. Tübingen.

GREWENDORF, GÜNTER/HAMM, FRITZ/STERNEFELD, WOLFGANG(1987): Sprachliches Wissen. Eine Einführung in moderne Theorien der grammatischen Beschreibung. Frankfurt/Main.

RADFORD, ANDREW(1981): Transformational Syntax. A Student's Guide to Chomsky's Extended Standard Theory. Cambridge.

SELLS, PETER(1978): Lectures on contemporary syntactic theories. Stanford.

STECHOW, ARNIM VON/STERNEFELD, WOFLGANG(1987):
Bausteine syntaktischen Wissens. Ein Lehrbuch der
modernen generativen Grammatik. Wiesbaden.

O: 언어습득이론

EICHLER, WOLFGANG/HOFER, ADOLF (Hrsg., 1974):
Spracherwerb und linguistische Theorien. Texte zur
Sprache des Kindes. München.

FANSELOW, GISBERT/FELIX, SASCHA W. (1987):
Sprachtheorie. Bd.1: Grundlagen und Zielsetzungen.
Tübingen.

GREWENDORF, GÜNTHER/HAMM, FRITZ/STERNEFELD,
WOLFGANG(1987): Sprachliches Wissen. Eine
Einführung in moderne Theorien der grammatischen
Beschreibung. darin: Kap.1, Sprachtheorie'. Frankfurt/
Main.

OKSAAR, ELS(1987): Spracherwerb im Vorschulater. Einführung
in die Pädolinguistik. 2., erw. Aufl. Stuttgart.

P: 보편문법과 개별언어문법

BIERWISCH, MANFRED(1987): 'Linguistik als kognitive
Wissenschaft. Erläuterungen zu einem Forschungsprogramm.'
In: Zeitschrift für Germanistik 6, S.645-667.

GREWENDORF, GÜNTHER/HAMM, FRITZ/STERNEFELD,

WOLFGANG(1987): Sprachliches Wissen. Eine Einführung in moderne Theorien der grammatischen Beschreibung. darin: Kap.1. Frankfurt/Main.

STECHOW, ARNIM VON/STERNEFELD, WOLFGANG (1987): Bausteine syntaktischen Wissens. Ein Lehrbuch der moderen generativen Grammatik. darin: § 1., Wiesbaden.

Q: 언어능력과 언어운용

CHOMSKY, NOAM (1981): Regeln und Repräsentationen. Frankfurt /Main.

GREWENDORF, GÜNTHER/HAMM, FRITZ/STERNEFELD, WOLFGANG(1987): Sprachliches Wissen. Eine Einführung in moderne Theorien der grammatischen Beschreibung. darin: Kap.1. Frankfurt/Main

RADFORD, ANDREW(1988): Transformational Grammar. A First Course. darin: Kap.1. Cambridge

SEARLE, JOHN R.(1982): Ausdruck und Bedeutung. Untersuchungen zur Sprechakttheorie. Frankfurt/Main.

R: 범주와 구구조의 기술

FANSELOW, GISBERT/FELIX, SASCHA W.(1987): Sprachtheorie. Bd.2: Die Rektions- und Bindungstheorie., darin: Kap. 'Phrasenstrukturen'. Tübingen.

GREWENDORF, GÜNTHER/HAMM, FRITZ/STERNEFELD, WOLFGANG(1987): Sprachliches Wissen. Eine Einführung inmoderne Theorien der grammatischen Beschreibung., darin: Kap.4. Frankfurt/Main.

RADFORD, ANDREW (1988): Transformational Grammar. A First Course. darin: Kap.2,3. Cambridge.

STECHOW, ARNIM VON/STERNEFELD, WOLFGANG(1987): Bausteine syntaktischen Wissens. darin: §4., Wiesbaden.

S: X-횡선 통사론

FANSELOW, GISBERT/FELIX, SASCHA W.(1987): Sprachtheorie. Bd.2: Die Rektions-und Bindungstheorie., darin: Kap. 'Phrasenstrukturen'. Tübingen.

GREWENDORF, GÜNTHER/HAMM, FRITZ/STERNEFELD, WOLFGANG(1987): Sprachliches Wissen. Eine Einführung in moderne Theorien der grammatischen Beschreibung. darin: Kap. 4. Frankfurt/Main.

RADFORD, ANDREW(1988): Transformational Grammar. A First Course. darin: Kap.4. Cambridge.

SELLS, PETER(1988): Lectures on Contemporary Syntactic Theories. darin: Kap.2. Stanford.

CHOMSKY, NOAM(1970): Aspekte der Syntaxtheorie. Frankfurt/Main.

RADFORD, ANDREW (1988): Transformational Grammar. A First Course. darin: Kap.7. Cambridge.

SELLS, PETER(1985): Lectures on Contemporary Syntactic Theories. darin: Kap.1. Stanford.

T: 어휘부문

CHOMSKY, NOAM(1970): Aspekte der Syntaxtheorie. Frankfurt /Main.

RADFORD, ANDREW(1988): Transformational Grammar. A First Course. darin: Kap.7. Cambridge.

SELLS, PETER (1985): Lectures on Contemporary Syntactic Theories. darin: Kap.1. Stanford.

U: 언어사용의 이론

AUSTIN, JOHN L.(1962): How to do Things with Words. Oxford.

HINDELANG, GÖTZ(1983): Einführung in die Sprechakttheorie. Tübingen.

SEARLE, JOHN R. (1971): Sprechakte. Ein sprachphilosophischer Essay. Frankfurt/Main.

SEARLE, JOHN R.(1974): 'Was ist ein sprechakt?' in: Schirn, Matthias(Hrsg.): Sprachhandlung-Existenz-Wahrheit. Hauptthemen der sprachanalytischen Philosophie. Stuttgart-Bad Cannstatt, S.33-53.

SEARLE, JOHN R. (1982): 'Eine Taxonomie illokutionärer Akte.' in: ders.: Ausdruck u. Bedeutung. Untersuchungen zur Sprechakttheorie. Frankfurt/Main,

S.17-50.

V: 텍스트언어학

BRINKER, KLAUS (1988): Linguistische Textanalyse. Eine Einführung in Grundbegriffe und Methoden. 2., durchges. u. erg. Aufl. Berlin.

BRINKER, KLAUS (Hrsg., 1991): Aspekte der Textlinguistik. (=Germanistische Linguistik 106-107). Hildesheim usw.

CHERUBIM, DIETER (1984): 'Dialogizität in Werbetexten. Systematische und historische Aspekte.' in: ders./Henne, Helmut/Rehbock, Helmut (Hrsg.): Gespräche zwischen Alltag und Literatur. Beiträge zur germanistischen Gesprächsforschung. Tübingen, S.123-143.

DIJK, TEUN VAN(1980): Textwissenschaft. Eine interdisziplinäre Einführung. München.

FRANKE, WILHELM(1983): 'Erzählen. Skizze zur Beschreibung einer monologischen Kommunikationsform.' in: Deutsche Sprache 3, S.235-249.

FRANKE, WILHELM (1991): 'Linguistische Texttypologie.' in: Brinker, Klaus (Hrsg.): Aspekte der Textlinguistik. (=Germanistische Linguistik 106-107). Hildesheim usw., S.157-182.

HARRIS, ZELLIG S. (1952/1970): 'Discourse Analyse.' in: ders.: Papers in Structural and Transformational Linguistics. Dordrecht, S.313-348.

HARTMANN, PETER (1968): 'Textlinguistik als neue

linguistische Teildisziplin.' in: Replik 2, S.2-7.

HARWEG, R. (1979): Pronomina und Textkonstitution. 2., verb. u. erw. Aufl. München.

HELLWIG, PETER (1984): 'Grundzüge einer Theorie des Textzusammenhanges.' in: Rothkegel, Annely/Sandig, Barbara(Hg.): Text-Textsorten-Semantik. Linguistische Modelle und maschinelle Verfahren. Hamburg, S.51-79.

HUNDSNURSCHER, FRANZ (1984): 'Theorie und Praxis der Textklassifikation.' in: Rosengren, Inger(Hrsg.): Sprache und Pragmatik Lunder Symposium 1984. Stockholm, S.75-97.

KLEIN, WOLFGANG/STUTTERHEIM, CHRISTIANE VON (1987): 'Quaestio und referentielle Bewegung in Erzählungen'. in: Linguistische Berichte 109, S.163-183.

MOTSCH, WOLFGANG (1986): 'Anforderungen an eine handlungsorientierte Textanalyse.' in: Zeitschrift für Germanistik 3, S.261-282.

ROLF, ECKARD (1993): Die Funktionen der Gebrauchstextsorten. Berlin, New York.

VATER, HEINZ (1992): Einführung in die Textlinguistik, Struktur, Thema und Referenz in Texten. München.

WERLICH, EGON(1975): Typologie der Texte. Entwurf eines textlinguistischen Modells zur Grundlegung einer Textgrammatik. Heidelberg.

ZIMMERMANN, KLAUS(1984): 'Die Antizipation möglicher Rezipientenreaktionen als Prinzip der Kommunikation.' in: Rosengren, Inger(Hrsg.): Sprache und Pragmatik.

Lunder Symposium 1984. Stockholm, S.131-158.

W: 언어학적 대화연구

BERGMANN, JÖRG(1981): 'Ethnomethodologische Konversationsanalyse.' in: Schröder, Peter/Steger, Hugo (Hrsg.): Dialogforschung. Jahrbuch 1980 des Instituts für deutsche Sprache. Düsseldorf, S.9-52.

BRINNER, KLAUS/SAGER, SVEN(1989): Linguistische Gesprächsanalyse. Eine Einführung. Berlin.

CANISIUS, PETER (1986): Monolog und Dialog. Bochum.

FRANKE, WILHELM (1990): Elementare Dialogstrukturen. Darstellung, Analyse, Diskussion. Tübingen.

FRANKE, WILHELM (1993): 'Konzepte linguistischer Dialogforschung.' in: Protosoziologie. Heft 4: Sprechakttheorie II. Frankfurt/Main, S.128-139.

FRITZ, GERD/HUNDSNURSCHER, FRANZ(Hrsg., 1994): Handbuch der Dialoganalyse. Tübingen.

GRICE, PAUL (1979): 'Logik und Konversation.' in: Meggle, Georg (Hrsg.): Handlung, Kommunikation, Bedeutung. Frankfurt/Main, S.243-265.

HENNE, HELMUT/REHBOCK, HELMUT (1982): Einführung in die Gesprächsanalyse 2., verb. u. erw. Aufl. Berlin, New York.

HUNDSNURSCHER, FRANZ(1980): 'Konversationsanalyse vs. Dialoggrammatik.' in: Rupp, Heinz/Roloff, Hans-Gert

(Hrsg.): Akten des 6. Internationalen Germanisten-Kongresses Basel 1980. Teil 2, Bern usw., S.89-95.

KOHL, MATHIAS (1989): 'Regeln und Dialogeinheiten.' in: Weigand, Edda/Hundsnurscher, Franz (Hrsg.): Dialoganalyse II. Referate der 2. Arbeitstagung Bochum 1988. Bd.1, Tübingen, S.87-101.

KOHRT, MANFRED(1986): 'Dialoggrammatik und/oder Konversationsanalyse' in: Hundsnurscher, Franz/ Weigand, Edda (Hrsg.): Dialoganalyse. Referate der 1. Arbeitstagung Münster 1986. Tübingen, S.69-82.

POWER, RICHARD(1979): 'The organisation of purposeful dialogues.' in: Linguistics 17, S.107-151.

SIMMEL, GEORG(1908/1983): Soziologie. Untersuchungen über die Formen der Vergesellschaftung. 6. Aufl. Berlin.

STEGER, HUGO(1974): 'Redekonstellation, Redekonstellationstyp, Textexemplar, Textsorte im Rahmen eines Sprachverhaltensmodells.' in: Moser, Hugo (Hrsg.): Gesprochene Sprache. Düsseldorf, S.39- 97.

STREECK, JÜRGEN(1983): 'Konversationsanalyse. Ein Reparaturversuch.' in: Zeitschrift für Sprachwissenschaft 2, S.72-104.

TAYLOR, TALBOT/CAMERON, DEBORAH(1987): Analysing conversation. Rules and units in the structure of talk. Oxford.

간결하게 쓴
언어학 100문 100답

인쇄 2001년 5월 25일
발행 2001년 6월   1일

지은이 • W. FRANKE
옮긴이 • 박성철 · 오장근
펴낸이 • 한 봉 숙
편집인 • 김 현 정
펴낸곳 • 푸른사상사

등록 제2-2876호
서울시 중구 을지로2가 148-37 삼오B/D 302호
대표전화 02) 2268-8706 − 8707
팩시밀리 02) 2268-8708
메일 prun21c@yahoo.co.kr

ⓒ 2001

값 8,000원